仏教と陽明学

荒木見悟

法蔵館文庫

本書は一九七九年八月三十一日に第三文明社より
「レグルス文庫」の一冊として刊行された。

はしがき

かつて、治安維持法による思想取締りがきびしく行われた時期に、「赤」というレッテルをはられることが、社会人としての致命傷にあたるとされたものであるが、これに類する現象が、中国の近世思想史にもみられるのであって、そこでは、「禅」というレッテルをはられることが、直ちに危険思想の持主とみなされたのである。もっとも、治安維持法下の日本において、マルキシズムやリベラリズムが徹底的に弾圧されたのと異なり、中国では、禅を始め仏教諸宗派は、ほどほどに国家権力や地方官憲の保護を受けたわけだから、右の類比は、ある種の制約のもとに受けとめられねばならないが、少なくとも儒学界においては、正面きって禅の信奉者であるとみえをきることは、遠慮されねばならなかった。それどころか、自分の思想がいかに禅とは異質なものであるかを論証するのが、真実の儒者たることを誇示するみせ場であったのである。

だがここに奇妙な現象がみられる。それは、あれだけ禅との距離の大きさを喧伝する儒者たちが、しばしば「自分の学説には禅と似たところはあるけれども、事実はそうではないのだ」という意味の弁解を余儀なくされていることである。たとえば、排仏の代表者をもって自認した朱子のごときも、「禅は大いに真理に近似しているが、而も真をみだる」(中庸章句序)ものと警告しているのである。似ているものなら、それとの連帯を強化して、共同戦線を張るべくつとめればよいものを、かえってにせものだから近よるな、という。評価の対象が物品である場合には、真贋の区別は決定的基準が立てやすいであろうが、思想における真実とにせものとの区別はどのように定められるのであろうか。まして近似しているものが、近似しているが故に危険であるとは、どういうことであろうか。

「近似しているが故に近よるな」という表現の中には、あちらとこちらには、多分に共通点らしいものがあって、少し油断をするとすぐに鞍がえしたくなるから気をつけよ、という意味合いが織りこまれているように思われる。事実、朱子よりみる時、彼のまわりには、儒から禅へと鞍がえした変節漢がいくたあったのであり、さればこそ高い調子で、排仏を叫ばねばならなかったのである。だが鞍がえしながらも、彼らは鞍がえしたという意識をもたないどころか、儒者としての正道を歩むものと信じこんでいたのである。そのような儒者を朱子は、「陽儒陰釈」(うわべは儒者で、正体は仏者)と軽蔑し、彼らの著述を洪水猛獣にたとえ、必死になって、その流行をくいとめようとしたのであった。こうして朱子学が、国家権力によってその正当性を保証される時、禅もしくは禅的儒者は、おしなべて異端のレッテルをはられ、「禅」という呼称は、正統にたてつく不届き者を意味する、代名詞となったのである。

朱子学にとって、なぜ禅はそんなに毛ぎらいすべきものなのであろうか。些末な理由は、いろいろあるであろうが、その眼目となるのは、「わが儒教は万理をことごとく実とするが、仏教は万理ことごとく空とする」という朱子の語に示されているように、禅は、朱子学の骨格ともいうべき規範意識（理）を空化し、これを無用視するからである。「陽明学は禅である」という朱子学派の主張は、明らかに、陽明学の体質に、これと類似するものをみてとったわけである。

陽明学は、たしかに、朱子学の提唱した規範意識の行き語り状況をあばき、その土台をゆるがした。しかし陽明は、禅と異なり、規範（理）無用論を唱えはしなかったし、むしろ新しい規範を産むためには、いかにすればよいかということに、腐心苦慮したのである。陽明が単なる禅の代弁者ならば、彼のいわゆる「百死千難中」の苦しみなどというものは、必要なかったであろう。陽明は、禅的体験に学ぶところはあったであろうが、その朱子学超克の方法は、あくまで彼独自のものであった。そのことは、明末の主要な禅僧たちが、朱子よりも陽明に親近感を抱きながらも、必ずしも陽明の良知説に全面的賛意を表していないことからも反証されるであろう。つまり陽明学は、禅とは異質のものをもっていたのである。

ただ陽明学のかなめは、やむべからざる良知の欲するままに判断し行動することであって、禅に類似するか否かは、朱子学ほど過敏に問題とされなかった。良知に先んじて、「かくすべし」「かくすべからず」という律法を設けることは、すでに良知挫折の道を開くこととなるからである。この人間存在の根源をむき出しにして行く方法は、まさに禅の体質に通ずるわけである。そこに陽明学と禅との接点が見出される。明末の思想史は、この接点をめぐって、右に左にゆれ動いたともみられよう。そこでは、何が赤か、何が禅か、何が異端か、という基準が、ほとんど見失われてしまうのである。そうした思想界混乱を引き起した筆頭責任者は、王陽明に他ならないときめてかかる朱子学者たちは、ますますいきおいづいて、「陽明学は禅だ、異端だ」と口ぎたなくののしったのである。

しかし陽明学にすっぽりと禅の網をかぶせ、明代思想史は、朱子学対禅の争いに終始したと解するならば、事実誤認も甚だしいであろう。そこにはどうしても陽明学という一本の屈強な柱を立てねば、どうにも説明のつかぬ思想界の潮流が厳存するからである。陽明学の異端性を強調しようとするの余り、これを安易に禅に同化させてもいけないし、また陽明学の正当性を強調しようとするの余り、これを安易に朱子学と連続させようとするのも誤りである。

以上のように見て来る時、陽明学と禅との一異離合は、まことに複雑であり、この両者の片言隻句をとらえて、その性格の類同性をあげつらうだけならば、全く実りのない方法論に過ぎないことが、了解されたであろう。本書が明代仏教思潮の動向に即して、この両者の関係を瞥見しようとしたのは、このような反省があってのことなのである。それはいかにも迂遠な方法のようであるが、抽象的な対比論からは、実態を遊離した、恣意的な成果しか得られぬと考えたからである。もとよりこの小著は、明代仏教思潮の諸問題に、すべて論及しようと意図したわけではない。従って、後日の課題として残された部分の方がむしろ多いのであるが、従来、こうした観点から明代仏教思潮を整理した成果が見当らぬにかんがみ、あえて半歩の前進をこころみた次第である。

本書の性格上、今少し詳細に、禅や陽明学の思想的性格を論ずべきかとも考えたが、紙幅の制約もあり、また別の拙著において、ある程度、私なりの理解態度を示しているので、簡略に従うこととした。読者の諒恕を乞いたい。第三文明社から、本書執筆の依頼を受けたのは、二年前のことであるが、その間、筆者を励まし続けて下さった田口進一氏に、衷心より謝意を表する。

昭和五十四年六月

荒木見悟

目次

はしがき　3
序　章　――明代仏教思潮の見方――　13
第一章　太祖の宗教統制　18
第二章　成祖と道衍　26
第三章　明代前期仏教界の動向　33
第四章　儒家の仏教観　39
第五章　心学と経学　46
第六章　心学より理学へ――禅と朱子学――　56
第七章　陽明学出現の意義――新心学の誕生――　72
第八章　陽明学の性格　84

第九章　明末における仏教復興の原点……99
第十章　新仏教をになう群像（上）……109
第十一章　新仏教をになう群像（下）……127
第十二章　明末仏教の性格……150
第十三章　頓悟漸修の実践論……157
第十四章　楞厳経の流行……169
第十五章　異端のかたち――李卓吾をめぐって――……183
終章……197

解説　三浦秀一　205

仏教と陽明学

序　章――明代仏教思潮の見方――

低迷する明代仏教研究

明代仏教思潮の研究は、中国仏教史の中でも、もっとも立遅れた領域であり、従来、万暦三高僧その他若干の僧侶について、その事績や思想の一端が紹介されることはあっても、明代全般にわたる仏教思潮のうねりを見通した論著は、まだあらわれていない。蔣維喬氏の『中国仏教史』にしても、明清代はきわめて粗いタッチで描かれているに過ぎず、忽滑《ぬかり》谷《や》快天博士の『禅学思想史』に至っては、明代を「禅道変衰の時代」と規定し、そこに、仏教思想としての独自の動きがあったことをくみとる姿勢を、最初から放棄しているようにみえる。こうした明代仏教研究の立遅れは、何に由来するのであろうか。

一つには、隋唐における教相仏教の華やかな開花とか、宋代における純禅の興隆などに、中国仏教の完成態を読みとる眼から見る時、かくべつ特色ある宗義の確立もなされず、純禅の挙揚も行われなかった明代仏教は、「変衰」とまでは規定しないまでも、唐宋仏教の惰性として余端《よぜん》を保ったに過ぎないという印象を与えずにはおかないからであろう。少なくともそこには、在来の諸宗に比肩すべき新宗派の出現は見られなかったようである。

第二に考えられるのは、明代中期以降、仏教内部に諸宗混合の情勢が急速に進行したばかりでなく、儒仏道三教混融の傾向が濃化し、仏教だけを抽出して論議の対象とすることが困難となり、時としては無意味にすら感ぜられることである。隋唐宋に盛えた仏教学の知識や体験がなければ、明代の仏教思潮を理解するすべがないにはちがいないが、それだけでは処理しきれぬものが残り、しかもそれを宗教の糟粕《そうはく》として無視するには、何かあと味の悪さを覚えるという、やっかいな隘路につきあたらざるを得ないのである。

これと関連して第三に考えられるのは、正徳・嘉靖以降における儒教革新運動が、一転して人間そのものの解放運動へとつき進み、明末の仏教復興運動なるものも、その一環として発生したのであり、あの陽明学派を主流として唱導された儒教変質化の実態をおさえずして、明末仏教を語ることは、根本をさしおいて末端をなでるに等しいということである。

明代仏教とは

こうした見通しに誤りがないとするなら、明代仏教思潮は、何よりも明代思潮の全動向、に即して考察されるべきであるということ、言いかえれば、明代仏教は、明代という新しいるつぼの中で攪拌され錬磨されたあげく、さまざまな凝縮体として形成されたという事実に、先ず着目する必要があろう。明代の仏者は、隋唐宋にわたる仏教学の祖型をそのまま再現することを第一義の目標としたのではなく、激動する思想界のただ中にあって、あらゆる思想的遺産の根本的読み直しを行いつつ、自己存立にふさわしい組織化・体験化をこころみたのである。だから、そこに見られる経・律・論や先達の名前が、すでに一応評価の定まったものであったとしても、彼らはその既成の評価や解釈によりかかって、それを受け入れたのではなく、まさに己心の欲するままに取捨選択を加え、自由な意味づけをはかったのである。従って従前の仏教学の枠内で完成された価値基準にもとづいて、彼らの経典解釈や体験様式の是非をあげつらっても、それが直ちに正当な評量をみちびき出す手だてにはならないのである。そこには明らかに、本質的に非連続な断層があるからである。この非連続性を、正法からの離脱背反と受けとめるか、或いは独自の宗風の発揚と評価するか、議論の大きく分れるところであるが、けっぺきな教相判釈的論法で見る限り、明代仏教が上位の点数を与えられないのは、当初から予想されることなのであり、そこに「変衰の時代」という嘆きも生まれて来るのである。

宗派意識の超越

しかし先にものべたように、明代思想の展開に重要な一翼をになった仏教を、既成教学を背景とした教相判釈的意識で審判し処遇するのは、仏教思想の展開を、唐宋レベルに引きとめようとするものであり、思想史の実態から遊離せるものと言わねばならぬ。明末に活躍した主要な仏者は、いずれも宗派意識を超越し、因襲的な経典解釈にとらわれず、宗派の制約にしばられるのを極度に警戒しつつ、求道と教化にはげんだのであった。そのことは明末しめくくりの学僧智旭《ちぎょく》の次の語に、実にあざやかに描かれているのである。

「いくら全体放下し、身ぐるみ悟道に入っても、天台宗を学ぶ者には、天台のくさみがあり、華厳宗・唯識宗を学ぶ者には、華厳・唯識のくさみがあり、曹洞禅に参ずる者には、曹洞のくさみがあり、臨済禅に参ずる者には、臨済のくさみがある。何かくさみがあると、理障（道理への執着が、かえって道理のさまたげとなること）ができ上る。理障ができ上ると、道理が狭《せば》まる。道理が狭まると、文章は死んでしまう。文章が死ねば、孔子の後継者とはなれないし、まして釈迦の児孫になれっこない。だからわしはいつも思うのだが、真に己が心霊にそむかない者は、近年の宗派意識をすっかりでんぐりがえしてこそ、広く古来の宗教の堂奥に入れるのだ、と。その堂奥は他でもない、われわれが本来そなえている心性を発揮するだけだ。」（宗論、巻二之五）

でんぐりがえし

つまり智旭は、真におのが心霊に忠実なものは、近時の宗教の縄張りをでんぐりがえしてこそ、古来の宗教の堂奥に入れるのだ、と言っているのであるが、このでんぐりがえし論にこそ、伝統的教学や経典論から、ことさらに自己疎外しようとする彼の志向が示されているのである。要するに明人《みんひと》は、時代の流れとともに、儒家であれ、仏家であれ、道家であれ、もはや既成の教学の受売りや、その便宜的縫合だけでは救われない精神状況に追いこまれて行ったのである。明代仏教の研究は、何よりもこの特殊明代的な精神風土が形成された由来と、伝統教学のなしくずし過程の究明から出発すべきであろう。

第一章　太祖の宗教統制

太祖と朱子学

胡元を駆逐して、天下を掌握した明太祖は、新体制の整備に必要な大量の官僚群を養成するために、洪武二年（一三六九）科挙試（公務員採用試験）を復興し、洪武六年には、わけあって一旦中断するものの、同十七年、慎重な準備のもとに、科挙の最終方式を制定した。この方式は、その後、若干の手直しが加えられるにせよ、永く明代科挙制の基準となるのである。

ところで科挙の定式に採用されたのは、朱子学にもとづく経書註釈書であり、その意味では一応、朱子学が国権を背景とした基準教学となった観を呈して来たのである。しかし太祖のねらいは、朱子学によってつちかわれた名教倫理（いわゆる五倫五常を基軸とする倫理）と、その上に構築された官僚機構や政治制度を利用するにあっただけで、朱子学そのものの原型を当代によみがえらせる意図は、毛頭もたなかったのである。だから彼は、いつも朱子の四書註釈を批判して、「宋代のうかつな儒者」と呼んでいたという（皇明通紀、巻三）。朱子の言説にしたがうだけでは、とうてい現実の政治の取りしきりができないというのであろう。彼はまた洪武二十七年には、閣臣劉三吾等に命じ、『孟子』の中にみえる、「民を重しとなし、社稷これに次ぎ、君を軽しとなす」など、君主を軽蔑し、名教をそこなう言葉八十五条をけずり、『孟子節文』を作成させた。

このように全く政治路線にもとづいて経書の改変が行われ、その上に立って朱子学を処遇するとするならば、朱子学の内包する重要な原則が、恣意的にゆがめられるのはいうまでもない。朱子は、仏教及び道教を当時の最大の異端として激しく攻撃したが、太祖は必ずしもこれに同調せず、むしろ元末の戦乱によって破壊焼失した寺観の復旧に、直接・間接に関与し、元の文宗が南京蔣山（鍾山）に建立していた龍翔寺を天界寺と改名し、天下の僧尼を総轄する拠点とし、洪武五年には盛大な戦歿者慰霊祭を執行し、帝王の威武を示し、人心の収攬につとめた。

三経新註の作製

さらに洪武十年には、宗泐《そうろく》・如玘《によき》等に命じて、般若心経・金剛般若経・楞伽経《りようがきよう》の三経の古註を校勘して、一定の新註を作製させ、翌年、詔令を下し、天下の僧徒に読習させた。

その意図は、「御製般若心経序」に明瞭に示されている。これによれば、仏教の本旨は三綱五常（すなわち儒教的倫理）にありとし、悪人を化して善人とするところにその法力を認め、般若空観の本旨は、心身の妄想を空じて、本性をあらわにするにありとし、よこしまの空に溺れることをいましめているのである。その期待にそうかのように、この『般若心経註解』においても、「五蘊のことごとく空なるを照見し、一切の苦厄を度す」という経文に註して、次のようにのべている。

「菩薩は、五蘊が空寂であると照見することにより、生死の苦を離れる。また迷いの世界にある衆生が、顚倒《てんどう》妄想のため、道理にもとり軌《みち》をはずれ、不忠不孝、十悪五逆を犯して、もろもろの苦しみを受けるのをあわれめばこそ、この般若法門を説き、それを修習させて、みな解脱を得させるのである。」

ここでは、有《う》と空《くう》の関係が、存在・非存在、もしくは執着・無執着の対立ではなくて、不忠不孝十悪五逆という日常倫理の履行・不履行としてとらえられていることに、注目すべきであろう。

天下に二道なし

同様のことは、楞伽経の新註についてもみられるのである。この註釈の末尾には、「一切の法は、ただ心より現ず」という経文を説明して、「もしも、善をなすのも、悪をなすのも、全く心しだいと分れば、どうして妄想にしたがって、聖教にそむけようか。よくよく、いましめ、つつしむことだ」とあるが、この場合の「聖教」とは、楞伽経の教えそのものであるとともに、また太祖の詔命をも意味することは明らかである。忠孝の心を失って風俗をやぶり、刑法にふれるのは、仏心にもかなわぬからである。こうして仏教唯心論乃至般若空観は、あらゆる世俗法の欺瞞をはぎ、これを超脱するという本来の機能を放棄して、太祖の政治路線に忠実に奉仕する思想原理となりはてたのである。従って太祖の脳裏では、仏教は形而上的理説に富み、儒教は形而下的教説に詳しいという色分けはなされていても、「天下に二道なく、聖人に両心なき」以上、儒仏両教は、本質的に完全に一致するものと考えられていたのは、いうまでもない。

彼が僧侶たるものの心がまえとして示した「宦釈論《かんしやく》」には、儒教を陽、仏教を陰に配し、仏教の因果論は冥界にまで遷善改過の教戒をおし広げ、「法に触れる前から、悪の根をたちきっている」ところに応験があるとし、愚民教化のための格好の道具だとしている。「仏典を読誦せよ」「浄室に幽居せよ」「仏事を盛大にせよ」「僧の放縦を取締まれ」と、やつぎばやに出される太祖の訓令の帰一するところは、すべてそこにあったのである。

しかしともかく天界寺を始め、各地の寺院の復興は行われ、きびしい宗教統制のもとと
はいえ、一定の度僧も許され、禅・教・瑜伽と三分された寺院それぞれの存続する見通しもたって来た。まさに「真乗の教と王化と並び行われる」（宋濂、新刻楞伽経序）という、王法と仏法との完全な抱合関係が成立したわけである。この金しばりにあった見せかけの仏教興隆を、当時の僧侶たちは、どのように受けとめていたろうか。

先にあげた新註作製の中心人物たる宗泐は、「つねに愧《は》づ、向来寵賜《ちようし》多きに、豈に図《はか》らん、今日さらに優《めぐみ》を推《たま》わらんとは。この恩とこの意《こころ》とは、誠に報いがたし。ただ真乗を演《の》べて、化猷《かゆう》を讃えんのみ」（全室外集、巻二）と太祖への忠誠をうたい上げているし、また新註の天下頒布を歓迎した禅僧南石文琇《もんしゆう》は、これにより叢林がとみに輝きをましたとたたえている（補続高僧伝、巻一四）。太祖への憧憬は、長く仏教界を支配し、明末における曹洞禅の大家無異元来ですら、「おもうに、我が聖祖帝は、（釈尊から）霊鷲山《りようじゆせん》の付嘱を受けて、三宝を興隆し、大乗を弘通なさった。それで天は宝華を雨ふらし、塔は奇瑞を呈し、官吏も識者も、心を仏法に傾けたのである」（元来広録、巻二九）と手放しでほめそやしているのである。

楚石梵琦

「本朝における第一流の宗師は、楚石（梵琦）にまさるものはない」（皇明名僧輯略）とは、名僧とうたわれた雲棲袾宏《うんせいしゅこう》の語であるが、その楚石は、元朝治下にある時、皇帝との謁見を終えた直後、「天子のお顔を拝し、親しくお言葉を聞くに、千年に一度ともいうべきよい時期にめぐり合わせたものだ」（楚石語録、巻一）と感激したはずであるのに、明太祖が即位するや、「つつしんでおもうに、皇帝陛下は、英武仁聖なお方であって、海内を平らげ、万民を子のごとく可愛がり、四方のえびすども、ことごとく服従している」（同上、巻二〇）と、手のひらをかえしたような迎合ぶりを示している。

太祖と道教

以上、太祖と仏教界との関係をみて来たのであるが、それでは道教については、どのような評価がなされたであろうか。太祖はみずから『老子道徳経』に註をほどこしたが、その第四十四章にみえる「大道」の内容を、仁義礼智信の五徳目だとし、また第五十五章の釈文では、「君君たり、臣臣たり、父父たり、子子たり」（これは論語のことば）という人倫の道を教えるのが老子の目的だとしている。そこで三教関係を論じた「三教論」の中では、儒仏二教に対して、かくべつ老子を弁護し、老子の道は、金丹黄冠の術ではなくて、国をたもち、家をたもつ者の日常に欠くべからざるものだとし、老子を虚無とするのは全くの誤解であって、その道は、孔子の志とひとしいものだとのべている。すなわち仏教が王道をたすけるように、老子の教えもまた王綱をたすけるものであって、それでこそ「天下に二道なく、聖人に両心なし」といえるのである、という。

三教一致の性格

要するに太祖のこの三教一致論は、原理的には仏教唯心論にもとづく遷善改過・順法翼賛の要請であり、内容的には儒教的名教倫理に貫かれた生活規範の確立にあった。だから三教はいずれも、帝権によってしっかりと掌握されており、自律的に新教義を唱導することはきびしくいましめられていたのである。明末に及び、陽明学を基点として、人間解放ののろしが上り、その勢に乗じて、思想界の到るところに三教一致を唱えるものがあらわれ、しかも彼らは一様に太祖の三教一致説にその立論の根拠を求めたのであるが、実は太祖のそれは、民意の収攬と鎮圧をねらったものであり、明末の思想運動（ごく一部の例外は除く）とは、全く異質のものというべきである。「明《みん》興り、太祖高皇帝、開国以来、国家の治は、三代に超ゆ。仏法の興ること、唐宋より盛んなり」とは、『明高僧伝』（如惺著）にみえる語であるが、こうした安易な受けとめ方が、実は仏法の衰微につらなっていたのである。

第二章　成祖と道衍

三大全（五経・四書・性理）の編纂

　太祖歿後、皇位をついだのは嫡孫建文帝（恵帝）であるが、建文四年、いわゆる靖難《せいなん》の役《えき》によって建文帝は滅亡し、その叔父（太祖の第四男）成祖（太宗）が即位する。時に建文帝の侍講であった方孝孺《ほうこうじゅ》が囚われの身となりながら、最後まで成祖の命に屈せず、磔刑に処せられたことは、朱子学的名分意識に殉じたものとは言え、知識人に深刻な打撃を与え、保身と栄達に汲々たる風潮を培養するに至った。

　成祖は太祖の意を引継ぎ、科挙の定式には、朱子学系の註を用いたが、その内容を決定的に方向づけたものが、永楽十三年（一四一五）勅命によって編纂された五経・四書・性理の三大全であり、これは三年後、全国に頒《わか》たれた。それは、編集にたずさわった胡広等の「進書表」に、「人をして正路によりて、学をして他岐に惑わざらしめ、孔孟を家として程朱を戸とす」とあるように、まさに程朱学の教権確立をねらったものであった。しかしその編纂に従事した諸学者の、朱子学に対する見識が低く、短期間のやっつけ仕事であったために、後世の学者から、非議をまぬがれなかった。ともあれ、三大全は、明代知識人の必読書となり、朱子学の普及に絶大な力を貸すこととなったのである。

靖難の役と道衍

それでは永楽帝は、仏教に対してはどのような対策を選んだか。いわゆる靖難の役にあたり、側近の智将としてもっとも功績のあったのは、僧道衍《どうえん》であり、それだけに道衍に対する成祖の恩寵は、なみなみならぬものがあり、永楽二年には、太子少師を贈り、その姓を復して姚広孝《ようこうこう》と名乗らせた（明史、巻六）。成祖の信任厚い道衍の立場よりすれば、成祖の文教政策に注文をつけることも可能であったかとも考えられようが、不安な政情の鎮静を急務とする成祖にとって、仏教こそは、民心収攬の方便として利用し得る恰好の道具にしか過ぎなかった。それを端的に示すものは、仁孝皇后が、夢の中で感得したという『仏説第一希《け》有《う》大功徳経』の刊行弘通である。

偽作経典

永楽元年正月八日の日付をもつ、仁孝皇后の序文によれば、洪武三十一年正月一日（従って靖難の役の勃発直前）、室中に焚香静坐し、経典を読み、心を凝らせている時、ふいに観世音菩薩を夢み、その導きによって耆闍崛山《ぎじゃくつせん》に入り、その壮麗さに驚いて、「自分のような徳のうすい者が、どうした善因により、ここに来られたのか」とたずねると、観世音菩薩は微笑して、「ここは仏の説法なさる菩提場であって、如来の道にかなった者だけが登れるのだ。あなたは菩提をさとり、正覚に登っているが、近いうち大難に遇おうとしているので、わざわざここにつれて来たのだ。如来はいつも、第一希有大功徳経を説き、もろもろの災厄をはらっておられる。あなたはやがて天下の母となるお方だ。だからこの経典をあなたに付嘱して、生霊を済度させるのだ」という。そこで観世音菩薩が、『第一希有大功徳経』を取り出し、その経文を皇后に誦えて記憶させ、十年後にまた会おう（これは皇后が十年後に他界することを予言したことになる）と言いおわったところで、皇后は目がさめたが、その経文を一字ものこさず記憶していたという。翌洪武三十二年（建文元年）秋、果して靖難の役が起り、戦局不利の際には、この経を持誦し、ついに禍難を平定することができたというのである。

この序文の内容からも察せられるように、この経典が、靖難の役による政権交替を織りこんだ偽作であることはいうまでもなく、実に露骨な政治的意図をこめた夢感であることは、疑うべくもない。観世音菩薩は、信心深さをよそおう皇后の夢物語りの中で、完全にあやつり人形にされているわけである。とは言え、この上下二巻の経典は、一応、如来蔵及び般若思想をまじえて創作された体裁をもっており、長文の陀羅尼神呪は、ひときわ、神秘性を濃化しているように見受けられる。こうした舞台装置を背景として、この経典が特に訴えようとしていることは、靖難の役の勝利は、仏天の加護により、その加護にあやかるもの（すなわち永楽帝に帰服したもの）は、永久に災厄をまぬがれ得るとしていることである。それは仏教の政治的傀儡《かいらい》化以外の、何ものでもない。

仏法不可滅論

誠に皮肉なことには、黒衣の宰相とよばれた道衍は、この靖難の役の立役者の一人であったのである。彼が単なる政治僧になり下るならともかく、仏教が完全に政治の道具と化し、その前途にゆゆしい事態が予測されるとするなら、このまま安閑としているわけにはいかないだろう。一方、完全に国教と化した朱子学は、禅を最大の異端とする論理を、依然としてその内部に抱きつづけており、それがぼつぼつ儒流の口からもれ始めていた。とすれば、いつまでも太祖の三教平衡論にすがって、延命を策するわけにもいかないであろう。道衍の「仏法不可滅論」という論文は、恐らくそうした時代の動向を見すえつつ、執筆されたのであろう。これは短文ながら、仏教をどんなに弾圧しても、必ず、より一層の勢力をもって盛りかえして来ることを、史実にもとづいて論証し、唐の韓愈《かんゆ》や宋の欧陽脩《おうようしゅう》の排仏論を、空言に過ぎぬと冷笑したものである。

道余録と仏教

さらに彼は、その晩年の情熱をかたむけて、『道余録』一巻（永楽十年序）を著し、儒学（朱子学）に対する激しい反撥をこころみている。この書は、程子や朱子の遺著の中から、四十九条をえらび、彼らが仏書を丹念に読んでいないために、仏教の深奥が分らず、私意によって排仏をとなえたことを、理論的・実証的に反論したものである。

公平にみて、道衍の反論は、適切な場合もあるし、また必ずしも相手の弱点をつき得ていない場面もみられるが、特に注目されるのは、当代仏教教団への内部告発がなされていることである。士大夫の坐談に供するための禅、悟りを鼻にかけながら、平素の所行は俗人と異ならない禅、そうしたやからが、眼前に群をなしていることを、道衍とても認めざるを得なかったのである。そしてそれだけに、気負いたって、儒教への大々的な論陣をはったにもかかわらず、究極においては、

「仏教は、人をみちびいて善を行わせるものである。だから儒者の道と並行しても、くい違いはない。そのわけは、道理は、ただ一つだからである」

と、儒仏両者の妥協に落着くのである。そこには、洪武以来の文教政策に、すっぽりとはまりこんだ意識が、ありありと読みとれるのである。こうした妥協的観点からは、時流をぬきんでる斬新な思想運動は、生まるべくもない。それどころか、ままならぬ時運の推移は、海潮の干満と同様、どうにもなるものではないという、投げやりの発言ともなっているのである。靖難の役では、あれだけ奇略縦横の活躍をし、歴史の流れを大きく変えた人物が、その本分とする仏法の興隆については、ついにその核心をつかみそこねたのは、どういうわけであろうか。

道衍と王陽明

清初の大儒顧炎武《こえんぶ》は、武功が一世に高い点では、道衍と王陽明とは、共通しているにかかわらず、道衍が陽明ほどにその学才をのばせなかったのは、その時代背景がちがっていたからだという。すなわち道衍は、道義・風俗が一様に行われている明初に生まれたに対し、陽明は、世風・道義が衰え、邪説がはびこる時期に生きたからだという（日知録、巻一八、朱子晩年定論の条）。しかし道衍は、果して仏者として恵まれた時代に生きていたといえるのであろうか。寺院は輪奐の美をほこり、大蔵経は刊行され、僧侶の生活は安定している中に、早足でおとずれる仏法衰滅の危機を、彼はいち早く感じとっていたのではなかったか。しかし彼の力量をもってしても、教界を粛正し、禅心を変革する積極的な行動には、移れなかったのである。それはまさに、帝権によって作為的にもたらされた「道義・風俗一様の時代」であったからである。道衍すらそうだとすれば、ありきたりの儀式と問答のくりかえしにあけくれていた凡庸な僧侶たちに、時代への危機感が起らなかったのは、いうまでもあるまい。

第三章　明代前期仏教界の動向

景隆の朱子批判

道衍の『道余録』を始め、宋代以来の護法書の系譜をついで、正統五年（一四四〇）に刊行されたのが、空谷景隆《くうこくけいりゅう》の『尚直編』『尚理編』の二部作である。この書で特に注目されるのは、数ある宋代の儒者の中で、朱子に攻撃の的をしぼり、程子兄弟・張横渠《ちょうおうきょ》・司馬温公などの排仏の語は、すべて朱子の捏造にかかるとしていることである。その底意《そこい》は、宋儒の中で朱子だけを孤立化させることにより、その排仏が個人的感情にとどまる、としようとしているわけであるが、史実の究明があいまいなために、説得力の弱い結果に終っている。また景隆が、朱子学の内部構造にまで立入って議論を進めている場面は少なく、せっかく朱子の「性即理」説を追求して、「理の一言、豈に能く性の道を尽さんや」（尚直編、巻下）と喝破しながら、それ以上に理の性格をきわめ、儒仏における性のくいちがいを探求しようとしているわけでもない。だから全体的に、朱子発言の枝葉末節をつきまわすにとどまり、その本陣をつくまでに至っていないのである。

なぜそういうことになったのか。それは、景隆の基本的前提に、「宋儒の教えは、ことごとく禅宗から流れ出たものである」（同上）という考え方があり、宋学は禅学の一変形だという信念があるからである。宋儒と禅学とが、その体質を同じうするとするなら、宋儒を根底からくつがえす時、禅の生命も危くなる。だから景隆の、朱子学攻撃の筆鋒は鈍化せざるを得なくなるのである。朱子学を禅の中に抱きこみつつ、朱子学の息の根をとめることは不可能である。

それでは、儒仏が体質的に一致しているにかかわらず、なぜ朱子は仏教を排斥したのであるか。それは、彼が一種のノイローゼにかかっていたからだ、と景隆はいう。

「朱子の仏教ぎらいは、心病である。もしも排仏をとなえ、後学のものを仏教から遠ざけなかったら、おのれの心病を見ぬかれる恐れがある。そこでひそかに儒仏の間に垣根をこしらえて、後学のものの目をふさいだのである。」（尚直編、巻上）

この笑止千万な論法の底には、国教としての朱子学の権威にはおびえつつ、儒仏の間に横たわる根本問題を、朱子の個人的性癖にすりかえようとする意図が、ありありとうかがえる。しょせん景隆は、朱子学のつき崩しをめざしているのではなく、朱子学の不都合面を抹消して、儒仏の橋渡しをこころみているだけなのである。だから「仏教や老荘は、綱常の道を棄てるはずがない」（同上）と、宋学の名教倫理には、適宜仏教を妥協させて、その併存両立をはかっているわけである。なぜなら朱子学のもつ威勢は、ぜひともそのまま禅門の中に保留しなければならないからである。こうした節度なき併存意識が、やがて儒道仏三教鼎立の容認におもむくのは、きわめて順当な経過であろう。これが太祖の三教観に、ぴったりと適合することは、言わずして明らかである。

「仏法を信仰する者は、諸悪を犯さないから、刑法にふれることがない。仏法が世間に流行すれば、それとなく王法をたすけることになる。それは、三教の聖人のこころと、天地神明の至公無私のこころとを、体得しているからである。」（同上、巻下）

護教書の通弊

こうして現体制の中にどっぷりとはまりこみ、「仏法の権は、帝王臣宰の手に在り」（同上、巻上）と、あなた任せの運命に甘んじるところに、真の仏法興隆の道が開けるはずもなく、きびしい時代批判の生まれる余地もないであろう。時代の動向にも暗く、人心の苦悩にも眼を向けず、ひたすら排仏をはぐらかすことをねらいとした本書は、護教書の通弊たる独善的歴史観を随所に点綴し、史料検討の不備も加わって、その全体的諧調は、決して高くはない。祖先伝来と称する宝物を、後生大事にかかえこみ、その中身をたしかめもしないで、塵をはらうことばかりに気をとられているという印象を受けるのである。

呆庵の答儒

景隆とほぼ同時代の普荘呆庵《ふそうほあん》に、「答儒」と題する論文がある。（補続高僧伝、巻一八）これは程子や朱子の排仏に対する反論という体裁をもつものであるが、その論議の焦点は、内面（心性）の修錬と、外面（事物）への志向との関係いかんにある。そのきっかけとなっているのは、「仏教には内面の修錬はあるが、外面に向っての理の探求が欠けている」という程伊《ていい》川《せん》の語にあるのだが、呆庵は、「本（すなわち心）を得れば、末を憂える必要がない」という、宋代以来の禅家の常套語をもち出し、心さえ貫通するなら、万法を一挙に会得できるとし、程子の仏教批判は的をはずれているとする。伊川は、「性は気の中に理としてそなわり、その理にしたがうのを道とし、事物にしたがって理を明らかにして行く」と説くが、これは天地人物形気がことごとく、覚性《かくしよう》の所産であり、わが本心妙明があまねく照せばこそ、時宜に適した中《ちゆう》が得られることに暗く、いたずらに事物の末端を追いかけまわすものである。そもそも了悟は、学解《がくげ》によって得られるものではない。了悟は内、学解は外、そこに内教と外教とのちがいがある。儒者はもっぱら力を外に用いて、学解の及ばない高遠な境地は、きわめようとしない。だからその窮理は、不徹底のままに終るのである。

あいまいな朱子学批判

これが「答儒」の主題のあらましであるが、この主張の根底にあるのは、一心万法・覚性円明という伝統的な仏教思想の域を一歩も出るものではない。しかしこのように、心という本根の確立にすべてを賭けさえすれば、外界の事物の微細な起伏が大小粗細となく、直ちに見通せるという禅の、単調性・偏向性をついたのが、朱子によって大成された理気哲学の主眼ではなかったのか。一路を知って他を知らぬ禅者のうぬぼれをついた朱子の発言には、呆庵の想像を絶する複雑な人間洞察がこめられていたのであり、それに眼光とどかぬ呆庵の儒教批判は、とうてい相手の牙城をくつがえすことにはならないのである。

無気力な仏教

以上、道衍・景隆・呆庵の儒教批判を概観して来たが、総じて三者ともに、宋儒が仏教に対して提起した問題の核心をつかみ得ず、その議論が空転しているうらみがあり、他方、強度な思想宗教統制の下では、新しい禅風の発揚に精進する気力もそがれてしまい、マンネリ化した宗風が、教界に瀰漫《びまん》する結果となった。この時代の禅僧の語録類をみても、紋切型の問答商量をくりかえすばかりで、まさに、「息もたえだえに、仏祖のおいのちも、危く消えはてようとする」（南宋元明禅林僧宝伝、巻一四）状況にあったのである。嘉靖年間の人劉鳳も、「仏教は、梁隋に盛え、唐宋の間におよび、元に至っておとろえ、今はほとんど消えかかっている」（劉侍御集、巻一四）と指摘しており、このことは心ある人びとの一致した見解であったわけである。それでは、この時代の儒者は、仏教に対してどのような見方をしていたであろうか。

第四章　儒家の仏教観

朱子一尊主義

明初の大儒宋濂は、太祖のブレーンとして、三教併存政策の推進に重要な役割を果し、仏教に対しても、かなり寛大な態度を持したが、その門人で、靖難の役にあたり、建文帝に殉じて壮烈な死を遂げ、朱子学的名教倫理の権化とうたわれた方孝孺は、さすがに仏教に対して、きわめて厳正な批判を下している。

すなわち彼は、仏教かぶれしている友人に対し、「君が仏教を信仰しているのは、しんからそうなのか。それとも世俗の流行に従っているのか。後者ならば、みずからいつわるもの、前者ならば、出家剃髪、水飲草食の生活に入るべきであろう。それができないで、仏典を口にするのは、道にもとるものである」（遜志斎集、巻一〇）と警告しているのである。これは徹底した朱子学一尊主義であって、仏教に頼らずとも、儒学は真理として完結しており、かりに仏教に帰依するとするなら、出家入道の体裁をとる方が、むしろ良心的ではないか、というのである。天下を平かにし、心を治めるのには、儒教だけで事足りるのであり、それ以外の教学は無用どころか、むしろ教界の邪魔物だということになる。これは朱子学の伝統的な考え方である

仏教害毒論

『大学衍義補』の著者として知られる丘瓊山《きゆうけいざん》も、「異端の大なるものは仏老である。かれは、われの有するところをぬすむものだから、道徳を一にしようとするなら、異端を排斥せよ」（同書、巻七八）といい、また彼の歴史観を詳細に打出した『世史正綱』（巻七）では、後漢明帝の永平八年に、初めて仏教が伝来したという史実を評して、天地開闢以来、これに過ぎる夷狄の禍はないとしている。なぜなら、多くの夷狄の禍は、局地的・断続的であり、かつ政治経済的であったのに対し、仏教の侵入は、永続的・本質的に中国人の倫理規範や生活様式に変更をせまって来たからである。

また鳩摩羅什《くまらじゆう》の仏典翻訳をののしっては、体裁・音韻のちがう文章により、中国の伝統的な声音・文字をみだしたという。瓊山は晩年、時政を改めるよう訴えた上奏文をたてまつるが、そこで、近年におけるさまざまな天変と、天子の仏老好みとは無関係ではないとし、「仏道二教は寿命を延ばすという者」「寺院を建立して福田を植えるという者」「経懺

（免罪符）を印刷して御利益を求める者」などは、ことごとく説諭してとりやめさせるべきだとしている。仏教無用論、というよりも仏教害毒論、ここに至ってきわまったというべきであろう。

その学識節操が瓊山よりも高く評価され、後に孔子の廟に従祀されるほどの光栄をになった薛敬軒《せつけいけん》も、仏教の、一心による万法起滅説を批判して、次のようにのべている。

「天は万物の始祖であって、物を生みはしても、物から生まれるものではない。仏者とても人間に過ぎないのだから、その肉体は、もちろん天から生まれたのである。天から生まれたのに、造化の権能を自由にあやつれるはずがあろうか。もしその説の通りだとするならば、天は、天になくて、仏者の手中にあることになる。そんな理屈があるものか。」（読書録、巻二）

儒・仏ともに低調な思想界

以上、明代前期における著名な朱子学者たちの排仏論を瞥見してみて、直ちに気づくのは、その排撃の仕方、論議の手法が、宋代朱子学者のそれを受売りしているに過ぎないということである。それは朱子の著述を、「広大をきわめ、精密をきわめ、古の聖賢の心を発揮して、ほとんど余蘊がない」（読書録、巻一）とするほど、朱子学の完璧性に酔う意識の、当然の所産なのである。この事実と、先にのべたこの時代における仏者の儒教批判の焦点ぼけとを対比するならば、全般的に、明代前期思想界が、斬新な問題追求の気魄にとぼしく、低調な論議の反復に終始していることが想察されるであろう。太祖や成祖の三教併存政策そのものが、三教相互間の小ぜり合いは大目にみるにしても、特定教学がぬけがけの功名を立て、三教のバランス崩潰を禁止するたてまえをとっている以上、それぞれの教学は、強がりを言いつつも、相手を超克するための新兵器を創造することなど、思いも及ばなかったのである。ただこうした停滞期にあっても、新しい人間像の確立をめざして、儒教内部に、朱子学一尊主義への反省が勃興し始めていたことに、注目する必要があろう。それはどのような経過をたどりつつ、漸次拡大深化して行ったか。その初歩的段階を、丘瓊山と程敏政《ていびんせい》との対比において、みてみよう。

朱子と陸象山

敏政には『道一編』という著述があるが、これは朱子と、朱子から禅まがいの儒者であると痛撃された陸象山とを結びつけて、「道は一つである」ことを論証したものである。彼によれば、朱子と陸象山とは、初年には氷炭のごとく反するものであったが、中ごろには互いに疑信なかばし、終りには全く一致するに至ったという。しかるに世の学者が、往々にして朱子を尊ぶの余り、陸象山を斥けるのは、両者の早年未定の論にとらわれ、また朱子門人の誤った記録に惑わされているからで、朱子直筆の遺著につくなら、彼が象山を重んじていた証拠は、いくらも見出せるのである。こうした観点から敏政は、朱子生涯の書簡を、右の三期に分類し、朱陸一致を実証しようとしたのである。しかしこの時代に朱陸一致をとなえるとは、ひっきょう、朱子と同等の地位にまで陸象山をもち上げることを意味するから、「儒教をひいて禅に入れるもの」（異端弁正、巻下）という非難をこうむったのは、当然のことであった。

敏政が世評をもかえりみず、陸象山の顕彰に力をいれた直接の動機は、朱子歿して三百年、誰でもその書を読み、どの家でもその学を伝えているにかかわらず、それがすっかり形骸化し、単なる文辞教養の学となって、儒教本来の目的から逸脱しているのを嘆き、これに生気を注入するために陸学を導入したのであった。ただそのことは、従来、頑迷なほど墨守されて来た教学の枠を、徐々につきくずすこととならざるを得ず、ついに仏教にまでも寛容性を示すに至ったのである。彼の「対仏問」（篁墩文集、巻五九）という論文は、十一ヶ条の設問に答える様式をもって、率直に彼の仏教観を表明したものであるが、いまその中から若干条を拾い出してみよう。

仏教への接近

仏教は夷狄の教えであるから、中国にはふさわしくないのではないか——周の末世にあたり、孔子と釈尊とは意見が一致したかも分らない。(第二条)

仏教で出家して父を無みし君を無みするのはどうであろうか——たしかに枉《ま》がれるを矯《た》めんとして直きに過ぎる弊害はあるが、それは釈尊その人の責任ではない。(第三条)

学仏者に無籍不才の子が多いがどうしたものか——それぞれ所を得しめればよい。(第五条)

仏教で頭を髡にし仏殿を造営する風習はどうであろうか——その長い伝統を守るはよしとすべきである。(第六条)

仏の祈禱は民を惑わすものではないか——祈禱は儒教の古典にもある。(第八条)

以上のように、或いは仏教に同情し、或いは儒仏の歩みよりをはかり、或いは妥協策を示すなど、総じて排仏的口吻は見られないのである。それどころか、今日の「大儒君子」が、「学仏者」と優劣をきそうのは、予の知るところではないと断じ(第十一条)、結論として、排仏に心はやるよりも、むしろ儒の停滞をいかにして打破すべきかに沈潜せよ、と教えている。敏政のこの論調を、先の瓊山のそれに比べる時、きわめて対蹠的であることは、いうまでもあるまい。敏政の学風にみられるように、儒教は、朱子学一尊主義に停滞しきれず、確実に動き始めているのである。

自然にかえれ

明代思想の先駆者といわれる陳白沙《ちんはくさ》が出現し、「宋儒の理をいうこと、あまりに厳《きび》しき」をにくんで、理に拘束されぬ自然な人間へ還れと主張し始めているのも、この頃のことである。理を先立て、客観的理に従うことを至上命令とした朱子学の屋台骨が、ゆらぎ始めたのである。理に先立つ実在とは何か。それは無垢の心、天真爛漫な心である。敏政は、しばしば「心学」という語を用いたが、まさに「理学」に対する「心学」が芽生えて来たのである。この動向に決定的転換を与えたのが王陽明であるが、陽明出現の意味をきわめるためにも、ここで心学と理学の関連・相違を検討しておくこととしよう。

第五章　心学と経学

心学とは何か

心学とは何かという問に、一義的に答えることは困難である。それはこの語が、余りにも多義的に用いられた経歴の持主だからである。この語はもと、六朝時代の仏教学内部から、禅定・三昧等とほとんど同義に使用され始めたのであるが、時代が下るにつれ、宋代以降には、儒教の中にも取り入れられ、朱子学に適用されたこともあるし、またその論敵である陸象山や王陽明の学問にも適用されるという具合に、時代により、人により、その内容規定はさまざまであったのである。だから、この語をきわめてルーズに使用するならば、この一語で、隋唐の仏教学から、宋明の儒学までの、すべてを包括することが可能であると言えないこともない。しかし心学という語を、そのようにあいまいに使用する時、心学と呼ばれるものの実体もまた漠然としてつかみどころのないものとならざるを得ない。そこで心学の概念を明らかにするためには、これと対立する他の言葉を想起し、これと対比してみるのが便利かと思われる。

経学の意味

心学と対立する概念の代表的なものは、経学である。経学とは、四書五経その他、古の聖賢によってその絶対真理性が保証された古典の内奥をさぐり、それを無上の行動指針とする学問である。経学は、何よりも聖賢の言葉そのもの、または聖賢によって、その代替物としての資格を認められた、権威ある古典の絶対価値を認め、その内容を時代に即して発揚するものである。経学は、その本質上、古聖賢の言葉の永遠真理性を前提とするから、その創造的解釈が、どんなに微細をきわめ、自己拡大をはかっても、そこにはおのずから思想的・技術的な限界があると考えられる。なぜなら、後世の学徒は、絶対に聖賢を越えるべきではなく、越えようとする意識をもつこと自体が、聖賢を冒瀆するもの、身のほどをわきまえぬ野望をいだくものと認定されるからである。そこには、聖賢と経書に対する宗教的権威の承認が要求されているわけである。

仏教における経典と教相判釈

以上は、主として儒教を中心としてみて来たのであるが、仏教においても、事情は同様である。それは中国仏教における諸宗派の対立が、所依の経典をめぐって発生し、各宗派とも、その正依の経典こそ最高の真理をうたい上げたものだと信仰しているところに、端的に示されているわけである。たとえば、天台宗ならば、法華経を経中の王とし、華厳宗ならば、華厳経を大乗の至極とするといった具合である。各宗派の教判論は、いわばその正依経典の絶対真理性を証明するための弁証であり、宗教哲学・神学理論である。こうして各宗それぞれに、独自の複雑にして深遠な教義体系を構成することになる。

三量

由来、仏教論理学（因明）には、三量という規定があり、現量は、現前の事態について量度《りようたく》すること、比量は、現前に存しないことについて類推度量すること、聖教量《しようぎようりよう》は、聖教に照して量度することとされるが、この聖教量を立てるところに、仏教学の経学的性格が如実に示されているのである。

心法の学

右のように、儒教も仏教も、一般的には、ともに経学と規定することが可能である。一方、心学という言葉が、先にものべたように、単に心三昧《しんざんまい》の学、すなわち心の安定を確保するための学問という意味にとどまる限り、それが経学と対抗する要素は、全くないといってよい。それは経典に示された方法によって心を治めるだけだからである。しかしこの心三昧の学が、やがて変質して、一心万法論を基盤とし、迷悟昇沈の一切を、心のあり方にかける心法の学となる時、経学の権威はようやく下降することとなる。こうした意味の心学は、禅によって完成されるのであるが、なぜこの心学は、儒教内部から生まれないで、仏教の中から発生したのであろうか。この問題を、経学との関連で考えてみよう。

孔孟への追随

儒教はまた孔孟の教えといわれるが、それは、孔子・孟子という、凡人を遙かに超えた学識と人格の所有者の説いた完璧な教えという意味であり、後世の学徒は、その教えを、自己の置かれた歴史的状況に即して、できるだけ忠実熱心に実現することを使命とするわけである。しかし後世の儒家は、孔孟の精神の承述者ではあっても、孔孟そのものになることを目的としているわけではない。（宋学が起って以後、仏教の影響を受けて、人はみな聖人となり得るということが叫ばれるに至るが、自己の言説や著述が四書五経と同格だと宣言するケースはきわめて希である。）孔孟は別格存在なのである。だから孔孟の教えとは、孔孟に追随する教えであって、孔孟になる教えではない。

仏と衆生は同格

ところが仏教では、いささか事情が異なる。仏教は、仏（釈尊）の説いた教えであるとともに、仏になることを本義とする教えである。釈尊の偉大性は、彼を別格視する条件とはならないで、かえって、万人の成仏可能性を確実にさせたところに意味が認められ、釈尊と衆生とは、本質的に平等だとされる。仏とは、覚者と定義される。誰でも完全円満な覚悟を獲得するならば、覚者となるわけである。このことを端的に示すのが、あの華厳経にみえる「心仏及衆生、是三無差別」（心と仏と衆生と、この三は差別なし）の語である。このように衆生と仏とが平等であるとするなら、経というものは、絶対の権威をもって、上から下へと与えられるものではなく、衆生と仏との相互交流そのものが、宛然として経典の説相を構成すべきであろう。そこでは、仏から衆生へという向下的な縦の関係は取り払われ、仏と衆生との十方無礙なまじわり合いが強調されることとなる。「衆生心内の仏が、仏心中の衆生のために説法し、仏心中の衆生が、衆生心中の仏の説法を聴く」（華厳探玄記）といわれるゆえんである。

心と経

こうなると、経典を説く有資格者は、特定の聖賢に限定されず、むしろ衆生個々が、そうした能力の保有者であるということになるであろう。そしてこのような能力を保持する基体を心と呼ぶなら、心は経を超える性格をもつこととなる。この心に第一義の重心をおく学問乃至体験を心学と名づけるなら、心学は明らかに経学の伝統をゆるがす実質をもつと言わねばならない。もとより心学は、その性格を明確に自覚するまでは、必ずしも経学に対するライバル意識をもっていたわけではない。たとえば華厳の澄観は、「聖教を鏡として自心を照すことができなければ、自心を燈《あかり》として経の奥旨を照すことはできない」（華厳演義鈔）とのべているが、これは心の自主性を重んじつつも、なお経と心とを合一させるところに、円満な成仏の型が完成されるという意識が残存しているのである。つまり心と経との分離作業が、まだ十分に行われていないわけである。

経を越える心

しかし心がその自信度を強め、経典の説相にとどこおることをいさぎよしとしなくなる時、ようやく心と経との分離が始まる。すなわち経学の落し子であった心学が、経学の鬼子と変質する可能性が芽生えて来たのである。その誘発契機となったのは、現象的には、仏教学界における教義学の煩瑣化・複雑化であり、実質的には、なまな心の覚醒である。仏となるためには、煩瑣な神学理論の網の目をくぐる必要はなく、むしろそのような迂廻路をさけて、単刀直入、心そのもののあり方を調節すればよいのではないか。経はあくまで「月を指さす指」であって、主体は指にとらわれないで、月そのものをめざすべきだという自覚の勃興である。

仏教内部の心学思想発展に拍車をかけたのは、般若部経典にみえる定法打破の思想である。たとえば、金剛般若経には、「私に、さぞかし所説の法があることだろうと思ってはいけない。もしそう思うなら、仏を謗《そし》ることとなる。説法とは、説くべき法がないということだ」という意味の釈尊のことばをのせている。こうした考え方が、さらに進行すれば、「悟りを開いてから入滅するまで、その間、私は何も説かなかったのだ」（楞伽経）ということになる。

「所説がない」とは、説いたことがすべてむだであったとか、権仮《ごんけ》のことしか説かなかったというのではなく、説かれた内容そのものを、それがどんなに高度微妙なものであろうとも、実体化し、固定化することをやめて、所説の心髄を会得せよということであろう。そこには明らかに、経学が、みずからを否定的に超えよと、肩をさし出しているのである。経学が心学に、いさぎよく席を譲る意志表示をしているわけである。そこに生まれたのが、あの禅宗という心学である。

心学としての禅

禅の経典観については、従来しばしば議論されて来たが、経学の重圧を意識すればするほど、心学の、経学への対抗意識、もしくは独立意識が、強くなることに注目すべきであろう。「経典なんて、不浄をぬぐうほご紙さ」といいきる臨済の語は、心学に甘えているのではなく、心学を極限にまで追求して行ったはてに、経学からの断固たる離脱の宣言として、吐き出されたのであろう。ともあれ、禅という心学の出現は、由来、経学が学問や教理のすべてであるかのように考えがちであった中国人の精神構造に、重大な変革をもたらす結果となった。なぜなら、経学といえども、心学的なものを考慮に入れずしては、前に進めなくなったからである。

ところで経学が、経典の権威を前提としながらも、経解釈をめぐって、いくつかの分派を生じたように、心学もまた（ある意味では経学以上に）、多様な分派を生む可能性をもつ。五代から宋にかけて、禅が五家七宗と分派したのは、何よりの証拠である。

教禅一致

しかも忘れてはならないのは、右のように心学と経学とが、はっきり対立した以後でも、この両者を折衷しようとするこころみが、根強く残存したことである。これをふつう、教禅一致と呼ぶが、唐代における著名な学僧としては、圭峰宗密《けいほうしゅうみつ》があり、その影響を受けた人に、『宗鏡録《すぎょうろく》』の著者永明延寿《えいめいえんじゅ》がある。これら教禅一致論者の危惧《きぐ》は、経学から全く遮断された心学の独り歩きは、修道の手がかりがつかみにくく、主体を不軌放縦にはしらせる恐れがあるというにあった。この危惧は、やがて発生する禅心学修正運動の先がけをなすものとして、注目せられなければならない。

心学の限界

心学における心は、「自由の分」（碧巌録第一則評唱）とよばれるように、何ものにも拘束されず、何ものにも依存しない、無礙の基体をあらわす。その限り、それは誰でも具有しているはずのものであり、また誰でも具有したいと願うものである。だがこの「自由の分」を、どのように実生活に生かし、歴史の流れに相即させるかということになると、心学は十分な解答を用意しているとはいえない。たとえ、一心が万法を建立するといったところで、ただそれだけで、複雑なしくみをもつ歴史的現実に対応できる英知が生まれて来るはずもないからである。特に大きな歴史の変動期にあたり、心学の力だけで歴史の行くえを見定め、適切妥当な社会的施策を考案することは困難である。そこには、心学とは異なる形態の学問、もしくは心学を補う知識の体系が要求される。宋代に勃興した新儒学こそは、その期待にそうものである。

第六章　心学より理学へ——禅と朱子学——

宋代の儒学が、古典儒学と区別されるのは、何よりも、単なる伝統経学の復興でなくて、心学の長所をかえりみつつ、古典儒学に新生命を吹きこんだことである。その間、心学と経学との相克を通して、最も雄大な哲学を大成したのが、朱子である。彼は、「禅学が盛えれば、仏教はめちゃくちゃになるだろう」（朱子語類、巻一二四）とのべているが、何が彼をこれほどまでの禅宗ぎらいに追いやったのであろうか。

主観唯心論と客観唯心論

今日、唯物論を奉ずる中国の学者は、禅や陽明学を主観唯心論と規定し、朱子学を客観唯心論と規定しているが、この規定の仕方には問題があるにしても、朱子学の特色が、客観界の事物のありように、独自の眼光をひらめかせていることは、看過できない。禅で説く心は、もとより、主観的意識や観念的自我にとどまるのではなく、自在無礙な実践的基体であった。それは、「心に即して、対境の仏をさとり、対境に即して、唯心の仏を見る。心と仏とは重々と重なり合って、本覚の性は一つなのである」（澄観、華厳経疏）といわれるように、心と仏、主と客とを、一如に掌握する心であった。禅は、この一心の体得と活現に、一切をかける。「それが、本を得れば、末を愁うるなかれ」といわれるものである。だが、心（この語を禅者の側に最も好都合に理解するとしても）の威力をどれほど最大限に活用するとしても、客観界は、個人の能力を超えた、独自の構成要素をもち、それが逆に主体を規制するというのが、人間のありようの実態というものであろう。その客観界の事物の、具体的な構成要素を、中国の伝統思想では、気とよぶが、身体も事物もすべて、その気によって成立しているとするなら、気のありようを無視して、人間の適切な実践はあり得ないだろう。

自然界たると、人倫界たるとを問わず、そこには、個人の力ではいかんともしがたい勢《いきお》いが流れており、特に社会的・国家的法度礼楽は、日々の生活を強く規制しているはずである。これを度外視して、心の自由を謳歌するのは、独りよがりの空《から》いばりか、枯木冷灰のような諦観以外の、何ものでもあるまい。心学は、もっと謙虚に、人間及び事物のありようを見つめ、具体的日常の場において、妥当に行動するにはいかにあるべきかを、反省すべきであろう。

そこで先ず思いあたるのは、人間の身体はじめ、宇宙内の存在は、すべて気（物質的なもの）より成り、その気のありようは、偏正清濁、さまざまであって、その複雑多様な脈絡と集散状況とをわきまえねば、客観界へのはたらきかけは、不可能だということである。主体を取巻く客観界のしくみは、親近なもの、疏遠なもの、根源的なもの、枝末的なものなど、さまざまに入りみだれているのであって、物事の高下軽重は、「一心の直観によって透視できる」ほど、単調でもないし、甘くもない。禅はたしかに、世俗よりも高いものをもっているであろう。しかし禅者が、日常生活の場において、しばしば、非常識、奇癖、無智、無能、世間知らずをさらけ出すのは、なぜであるか。それは、悟りという一路を知るだけで、現実界の多様性を無視しているからである。

理の性格

それでは主体は、どのようにして客観界の事物に接し、その是非を判断し、適切に行動するのか。それは理を通してである。この理は、ある場合には理念であり、ある場合には道理であり、ある場合には倫理であり、またある場合には物理でさえあるだろうが、ともかく人は、この理に導かれ、理に依りかかり、理を媒介として、人倫の生活をいとなみ、自然界に対応して行く。もし理がなければ、先にもみたように、一心によって猪突猛進する以外にはなく、たちまちにして人倫の場は、崩潰の危機にひんする。しかもこの理は、主観の側から作為するのでもなく、客観の側から強制するのでもなく、主客を通じておのずから定まって来、恰好の地点に安定するものである。ただその理は、公共のもの、普遍妥当なものとして、その実践を主体にせまって来る超個的な性格をもつから、天理とも呼ばれる。

心より理へ

朱子学においても、心は一身の主宰だといわれる。しかし朱子は、禅のように、心さえ確立すればそれでよしとするのではなく、心が理を見出し、理に即して動く時、始めてその主宰性が正しく保持できるとする。理を軽視し、理にそむく心は、心たるに値しない。とすると、朱子学の眼目は、心になくて理にあることは明らかであろう。「理は心の骨である。」（朱子語類、巻一〇六）

心は、理と気とを包んでいるが、心の死命を制するものは、理である。だから「心即理」とはいえなくて（なぜならそうすれば、心に対する理の指導性が希薄になるから）、「性即理」といわざるを得ない（性は心の内奥にある理の貯蔵所である）。こうして心は、性と情の二重構造をもつこととなり、「心は性と情を統べるもの」と定義される。それは禅よりみれば、一心が理（性）という重しをつけたもの、当初から分裂契機をはらむものであって、それだけ自由の幅がちぢめられたものと受取られるであろうが、本来、人間が、無制約・無拘束に天地の間に放り出されているのではなく、身体をもち、共同体を構成し、国家権力や社会的習俗にとりかこまれて生きて行く以上、これらとの複雑な対応関係を無視できるはずがなく、そうした相互連関の中につかみ得る正当な自由とは、まさに理を媒介としなければ、考えられないわけである。

そこで、朱子学における、もっとも重要な実践工夫は、一事一物に即してその理を窮《きわ》める、いわゆる格物致知（『大学』のことば）ということになる。朱子が、「理を窮めるとは、一心をもって一心を識《し》るのではない」（朱子文集、巻四九）とことわるのは、格物致知が、まさに禅心探求法とは、異質のものであることを訴えているのである。朱子学の出現により、中国思想史は、まさに心より理へと、その重心を移行させたのであり、ここに心学に対抗する理学が誕生したのである。

仏教にみる理

ただ一概に、「仏教では理を説かない」といったら、忽ち仏教側からの反撥を招くであろう。なぜなら、教理行果は、仏教一般の教学原理だし、華厳の四法界観には、理無礙・

理事無礙とみえるし、天台の六即論は、理即から始まる等、仏教の経論釈の到るところに、「理」字を見出すことは、易々たるものであるからである。恐らく朱子とても、その事実は、十分承知していたにちがいあるまい。だのになぜ、「仏教の空は理をふくんでいない」という言い方をしたのであろうか。それは、朱子学で用いる理という概念を、てんで念頭においていない、ということなのである。

それでは、仏教でいう理と、朱子のいう理とは、どこがちがうのか。仏教でいう理とは、華厳の澄観が、理法界を説明して、「理法界とは、界は性《ものがら》ということ。真理が空寂として諸法の性となっているということだ」(普賢行願品疏)とのべているように、無限定・無分別な空の世界の性格を表示するものに他ならない。もとより、空有一体を不動の原則とする仏教原理論にのっとる時、この理は、常に事《じ》に即してあるべきであり、さればこそ事理無礙も説かれるのであるが、その場合とても、理は無限定・無分別の性格をいささかも変えるものではない。それは事の実体性を拒否するはたらきをもち、拒否すればこそ、いよいよ深く事の核心にもぐりこむ性格をになうのである。つまりそれは、空の理であり、また理の空である。

朱子学における理

一方、朱子のいう理とは、日常的実践において是非善悪の基準となるもの、事々物々にそなわっている「恰好のところ」なのである。朱子学でいう理は、自然界を支配する法則と、人倫界に通用する規範とが、必ずしも明確に区別されていないために、時としてその用法に困惑を感じさせることはあるにせよ、後者を主として、これを前者に投影させるのは、儒家一般の傾向である。従って朱子のいう理は、何よりも人倫生活における是非善悪の価値判断を第一義とすべきであり、空理・空観というがごとき超現象的領域の問題ではない。たとえ実在の本質が、仏教でいうように空なるものであるにしても、そこから直ちに日常的実践場面における適正な判断が生まれて来るはずがなく、従って空観の理を、是非善悪という価値判断の理にすりかえることは、厳にいましむべきだと、朱子は考えた。

理・気と色・空との違い

このことは、以下の事情を考慮することによっても、明らかであろう。仏教で説く空理は、先にもみたように、色即是空・空即是色なるものとして、色と空とが一如である性格をもつ。しかるに朱子が、理に対して定立した気は、理を宿すものではあるが、決して理と一如なものではない。万物は理と気によって構成されるけれども、理は絶対純粋なもの

（至善なるもの）であるに対し、気は偏全清濁さまざまなありようをもつものであって、理即気・気即理とは、絶対にいえないのである。気が理に従属するのは正常な状態であるが、理が気に従属するのは不正常な状態なのである。この理気関係に、仏教の色空関係をあてはめることは不可能であろう。なぜなら、色と空との間には、主従関係はあり得ないからである。つまり朱子の提起した理気二元の存在把握の仕方は（それが単なる存在論の原理でないことは、上述の通り）、仏教のそれとは全く別種のものなのである。だから朱子は、「論語や孟子に説く理が納得できたら、仏教の事理無礙なんてものは、障礙だらけだろう」（朱子文集、巻四三）と、自信をもって断定するのである。

参考までに、明代末期における折衷的儒学者呂坤《りょこん》が、儒仏の相違についてのべた語をかかげておこう。

「（儒教にいう）『道（理）は器（気）を離れず、器は道を離れない』というのと、（仏教にいう）『色は即ち空であり、空は即ち色である』というのとは、ちがっている。『器が道を離れず、道が器を離れない』というのは、いわば、『色が空を離れず、空が色を離れない』ということなのだ。『色は即ち空であり、空は即ち色である』というのは、いわば、『器は即ち道であり、道は即ち器である』ということなのだ。儒教と仏教の区別は、まさにこの即と離の二字にあるのである。」（去偽斎集、巻三）

つまり、「離れない」といえば、二者の間に一線が画されるに対し、「即する」といえば、完全な抱合関係となり、理の指導性が見失われるというのであろう。

武内義雄博士の『中国思想史』（第二十三章）には、朱子学の先駆者たる程伊川の思想を説明して、伊川の事理一致説は、華厳の理事無礙観に相当するとされている。しかしこの両者における理・事のたてまえは、本質的に異なるのであり、これを骨ぬきにした外形的類比は、思想変動の核心を見失う恐れなしとしない。

理障説をめぐって

朱子は、「天下に理より尊いものはない」といい、また「もし理がとことんまで分るならば、自然に心が落着く」ともいった。具体的な実践場面を支える規矩準縄の尊重こそ、人間にとって、もっとも緊要なことであり、この規範意識の強化こそ、精神安定の秘訣だとしているのである。この理＝規範の発見と体得のためには、惜しみなく思慮分別を積みかさねて行かねばならない。しかるに頭から一心法の確立にはやりたつ禅宗では、思慮分別は、円融無垢な根源的統体を傷つけるものとして、きびしく拒否し、あまつさえ理障説さえとなえる。理障説とは、理意識は、理への執着をふっ切れず、悟道の障害となるから、徹底的に絶滅せよという主張である。これは理を第一義とする朱子学にとって、ゆゆしい邪説としなければならぬ。だから程伊川は、「一旦、理に明らかであれは、それが障礙《しょうがい》をなすはずがない。理が障礙となるとするなら、自己と理とがべつべつになっているのだ」(二程全書、巻一九)と反論したのである。

仏者の反論

しかしこれは、あくまで一心万法論をたてまえとする仏者には、誠に納得しがたいことであった。本来、渾然としている実在から、ことさらに理というものを抽出しようとする朱子学こそ、迷妄のとりことなっているのではないか。護法書の白眉といわれる李屏山《りへいざん》の『鳴道集説』には、程子の右の語をたたいて、次のようにいう。

「これは程氏自身の障害なのだ。理を自己と一体だとするのは、生死の本である。眼をわずらう者が、自分でその翳《かげ》に気づかないようなものだ。」(同書、巻三)

ただここに一つの問題がある。「仏教の出家剃髪は、人倫を無視するものだ」という非難は、朱子を始め一般儒家が、異口同音にとなえることなのだが、おおかたの仏者は、人倫から離脱して、一定の聖域にこもるだけで、社会的生産にたずさわらぬきらいはあるにしても、社会秩序を大きく攪乱する原因にはなりがたいのではないか。黙坐澄心、念仏三味にあけくれる宗教団体は、かくべつ御政道に口出しするわけでもなく、人心惑乱をたくらむわけでもないから、これを放置しても、儒教の流行に、さほど支障を来さないのではないか。つまり宗教は宗教、倫理は倫理と、その守備範囲さえ明確にすれば、何もめくじらたてて、禅を赤呼ばわりすることはないのではないか。

大慧宗杲

と、ここまで問いつめて来て思いあたるのは、朱子が、黙坐澄心よりも一段高い禅があり、その活潑な行動力を警戒せよとのべていることである。その活禅とは大慧宗杲《だいえそうこう》の公案禅に他ならない。朱子は、彼を「禅家の俠」（朱子語類、巻一二六）と呼んだが、この「俠」とは、僧侶の本分もわきまえず、貴顕士大夫と交わりを結び、御政道に口出しするはもちろん、熱塊のような悟りの威力を、歴史的現実のただ中にふりかざす態度をいう。科挙の試験をめざして、文字言語のせんさくにあくせくしたり、わずかばかりの知識技能を鼻にかけて、官僚風を吹かす一般知識人が、この俠禅に押しまくられるのは必至のいきおいであり、つぎつぎとその禅風の前に、膝を屈して行ったのである。その禅かぶれした士大夫の代表者として、朱子が槍玉にあげたのは、張九成《ちょうきゅうせい》である。

張九成と禅

祖国の危機を憂え、宋の王室への熱烈な忠誠心を抱く点において、九成は恐らく朱子に見劣りするものではないであろう。その九成が、なぜ禅に心引かれるに至ったのか。当時、宋の政界では、北辺に攻めこんでいる金《きん》と、徹底抗戦を続けるべきか、和親を講ずべきかで、国論が二分していた。九成は、その抗戦論にくみする一人であり、民心の惰眠をさますべく、やっきになっていたのであった。彼は好んで「造化の功」という語を口にするが、それは「天地の造化にあやかる」というよりも、「みずからが造化のわざの主」となり、時局の難関打開に立向うことを意味した。そのためには心が、その内奥であれ、表皮であれ、すみずみに至るまで目覚め、はたらいていなければならない。その造化にふるいたつ心を直指し、その覚醒をもたらすものが仁である。九成は、朱子のように、性即理と規定せず、心即理・心即仁という。なぜなら、心の奥御殿に、性という特別保護地帯を設定することは、性（即ち理）を大切に保存するかのようにみえて、かえって理と、なまの現実との接触をにぶくさせる恐れがあるからである。だからたとえ九成が、朱子と同じく格物を窮理と定義しているにしても、それは朱子のいうように、一事一物に即してその理を丹念に追求して行くのではなく、「造化の主」としての主体が、情勢に応じて理をつかみ取りして行くという意味合いが強くなるのである。それは朱子よりみれば、理の仮面をかぶった私意ということになるであろう。だから朱子は九成を、「改頭換面」（禅的な立場を儒教の言葉でかざりたてる）のやからと、ののしるのである。

論語頌

九成に『論語頌』という著述がある。これは、論語の語句に即して、その内容を七言絶句にまとめたものであるが、これを朱子の『論語集註』の解釈と比較する時、両者のへだたりは、歴然と了解できるであろう。たとえば、子罕《しかん》篇の「吾れ知るあらんや、知るなきなり」という語を、朱子は、孔子の謙遜のことばと解したが、九成は、万理について何らの疑問もなくなれば、知るとか知らないとかという境地を超越できるのだ、という意味に受けとめている。これは禅的な不可知論をもとにして、論語を解していることは明らかであろう。ここでは、いわゆる是非善悪を分別する理は、そのはたらく場所を奪われているのである（『論語頌』は、明末に広く読まれる）。

九成と大慧

もっとも九成とても無条件に禅に歩みよっているわけではない。聖域の中にひっそりと閉じこもり、生気とぼしい冷灰枯木禅に、彼が賛同し得ないのはいうまでもない。その彼が例外的に崇拝した禅僧が、大慧宗杲に他ならない。なぜなら大慧禅は、「体もあり用もある」活禅、実社会の中にしゃしゃり出て一歩もひけをとらぬ社会禅であるからである。国家民族の危機に目をそむけて、利禄栄達にあこがれる士大夫たちの心術を、根源からたたき直そうとする熱鉄禅であるからである。流謫《るたく》の運命をともにしたこの二人の出合いと心交は、その後長く仏教居士の範として、中国の思想史に忘れ得ぬ語り草となる。

九成の、大慧との交わりは、見方によれば、儒教よりの逸脱ということになるであろうが、また見方によれば儒と禅との見事な融合ともいえるであろう。九成は、どのような思想的立場をとる人からも、その偉節をたたえられた人であり、その人間形成に禅の影響をこうむっていたにしても、それが一概に害毒を流したとはいえないのではないか。否、九成の場合には、大慧禅が、その節操を貫き通すための、エネルギー源になったふしもみられるのである。とすれば、何も禅を異端邪説の尤なるものとし、「赤」呼ばわりに類似した排斥をする必要はないではないか。一体、朱子は、なぜあれほどまでの憎悪と反感を、禅に対してぶっつけたのであろうか。

理の体系

すでにみたように、朱子が禅もしくは禅的儒者と明確に一線を画する最大の特性としたのは、天与の理と、その理を探求するための格物致知の方法であった。一応、現在の自己が体得している知識と力量をもとにして、つぎつぎと一事一物の理をきわめ、その集積が行われる中には、いつかは天地万物を貫通する理が会得されて来る。これが彼の格物致知の方法である。もとよりこれが可能であるのは、内にある理（性即理としての理）と外にある理とは相一致しているという前提がある。ところで、このような格物致知の方法が成立し得るためには、この主客を貫く理が一定の安定した秩序体系・価値体系を擁していなければならないだろう。でなければ、理の一貫性・連続性を掌握できるはずがないからである。誰でもこの時この場に立つならば、かく判断し実践せざるを得ぬという普遍妥当な理の存在が予測されているわけである。その公共の理を朱子は定理と名づけたが、それは奇《く》しくも彼が一定の価値体系の存在を認定していたことを示すものである。そしてそれがまた天理とも呼ばれるのは、個人的作為を越えた超越的権威をもって、その実践を主体に迫ることを示す。定理・天理は、朱子学存立の基本的要件であり、これがゆらぐ時、朱子学は根底から崩潰するの危機にさらされる。だから彼は、実在の本質は空だとする仏教の原理論を拒否するはもちろん、理気の区分を無視して一超直入の入悟にいきりたつ禅をしりぞけ、その禅の影響下に、理を悟りのオブラートに包み、不安定な状態におく禅かぶれした儒者を攻撃するのである。朱子が、その論敵陸象山を評するに、「見成格法《できあがったきまり》に依らない」（朱子語類、巻一二四）というのも、思い合わされるであろう。

心と定理

心は定理の上に安定させるべきものであって、心が理を生むのではない。心が理を生むといえば、いかにも主体の創造性を尊重するかのようにみえるが、実は個我が公共性の上にのさばっているだけのことなのである。かくまで理を尊重する朱子学が、古来、理学と呼ばれたのは、それなりの理由あってのことなのである。理学よりみる時、理の存立を危くし、或いはこれを無視する禅は、まさに異端邪説の尤なるものでなければならない。禅はまさに思想界の「赤」なのである。朱子学が国教化している時代、相手を禅だときめつけることほど、相手の骨身にこたえる悪罵はなかったといってよい。それは功利の徒、阿《あ》諛《ゆ》の輩ときめつける以上の手傷を、相手に負わせることができたのである。だが、こうした風潮は、果して朱子学そのものに幸いをもたらしたであろうか。

第七章　陽明学出現の意義——新心学の誕生——

朱子学の行きづまり

万事万物が、一定の価値体系のもとに整序づけられているはずであり、その全体構造にあやかるのが実践のかなめだという朱子学の主張は、たしかに分りいいし、ある意味では常識ですらあるだろう。それでは、その個々の事物のもつ定理なるものは、どのようにして定められ、何を頼りとして探求されて行くべきであるのか。そこでは何よりも、法律・制度・習慣・礼節・家規その他、既成の規範が重要な道しるべとなるだろう。これらは一旦でき上ると、できるだけその体質をそのまま持続しようとする傾向が強く、それだけに安定した価値体系が形成されやすい。こうした所与の価値体系があってこそ、格物致知の実行は可能である。もちろん価値認識は、数理的公式の適用とは異なるから、そこに主体の独自の操作や働きかけが加わるのは当然だし、げんに朱子自身も、理の膠着化《こうちゃくか》をさけるために、理の統体としての太極は、究極的には無的性格をもつ（これを無極という）ことを宣言しているのである。ただ無極とは、理の空化ではなく、理の形而上的基礎づけである。理存立の理由づけであって、理の破摧《はさい》ではない。理を離れては、あらゆる存在は、その存在の意味を失うからである。

定理論のジレンマ

以上のようにみて来る時、朱子学は、理を作るよりも理に従う面が、圧倒的に大きい教学であることは明らかであろう。而もその理は、「天下一理」「理一分殊」といわれるように、万人共有のもの、換言すれば、万人に同一の価値意識・定理認識を要求するものである。ここに朱子の理の哲学が、せっかく禅の弱点を克服しながら、一種のジレンマにおち入らざるを得ない原因があったのである。元来、禅の悟りが、さんらんたる一物を獲得するに急であって、具体的現実に的確に対応する分別を欠如し、もっぱら悟りの直観によって、強引におしきって行こうとして、ついに身動きならぬ状況におち込む欠陥をつき、主客を貫く理の探求として、格物致知論が提唱されたのであった。

禅は、自由も無礙も誤解している、いわばみかけだおしの自由に酔い癡《し》れているに過ぎない、真の自由と無礙とは、理の路線の上にこそ成立し得べきものだ、というのが、朱子のねらいであったはずである。しかるに今や、理そのもののために、人間が自縄自縛となり、定理に振廻される結果となって来たのである。思考のパターンが予め定められ、そこから一歩もぬけ出せず、少しでも逸脱する点があれば、忽ち禅だ、異端だとののしられる風潮が醸成されて来たのである。これは思想としての朱子学の発展を阻害したばかりでなく、人間性を枯渇させる結果にもなった。

新心学の誕生

そこに新しい時代をになうにふさわしい思想の出現が、待望され始めたのである。といってそれは、直ちにかつての禅心学に逆もどりすることを意味しないであろう。なぜなら、禅心学の弱点は、少なくとも理学によって痛切にあばかれたはずであり、それをも凌駕する思想であってこそ、始めて新時代の要請にこたえ得るものであるはずだからである。その要望に応じて出現した思想こそ陽明学である。

一般に陽明学は、禅に触発された面をもつとはいえ、儒教内部における、朱子学への革新運動だといわれる。それだけに尽きるか否かは、やがて明らかとなるが、少なくともそれは、儒教古典の解釈をめぐりつつ進行した、思想革新運動であることは、まちがいない。

それではなぜ、朱子学への反撥運動が、禅学の中から積極的にもり上って来なかったのであろうか。完全に体制内にまきこまれた禅が、国教としての権威をほこる朱子学にたてつくことを恐れたからであろうか。禅を赤《あか》同様に異端視する朱子学を、いまさら相手にするのは、かえってこちらの清純性をけがされると考えたからであろうか。それとも時代の閉塞状況を敏感に意識するほど、禅そのものが豊かな生機をもち合わせていなかったからであろうか。これらはいずれも、それなりの理由となるであろう。しかしそこにはもっと本質的な理由があったのではなかろうか。

仏教の停滞

由来、大乗仏教では、一切衆生は本来平等だという。その平等の内容について、大乗仏教では、一即多・多即一であるとか、本覚法門であるとか、一切現成であるなどという、むつかしい理論を用意しているのであるが、その平等ということが、必ずしも人倫生活の場における個人意識の覚醒へと向うわけではない。それどころか、一切衆生は平等だとの題目は、下手をすれば、一定の社会体制の下においては、人はすべて同一の志向(性向)をもつものである、という理論に転用される恐れが十分にあるのである。つまり仏教唯心論が、順法意識の枠の中にはまりこみ、その枠外に脱出する迫力を喪失し、教団としても、悟りの様態としても、無事安泰を至上の要請とするに至るのである。そこで求められる悟りとは、ひたすらに心術の平衡性を保持して、争いの種を消滅することである。そのためにはできるだけ教界に波瀾を生じないように、三教の並立をはかることである。それが、太祖以来の国策にそうことにもなるのだから。空谷景隆《くうこくけいりゅう》はいう。

「三教の聖人が、世間を導く手だては、その道理は同じでも、そのやり方はちがう。その道理が会得できれば、やり方で区別だてしない。やり方にとらわれると、道理の一体であることが分らない。だから儒学の大家と、仏学の大徳とが、外形を忘れて交わるのは、道理が同じだからである。」（空谷集、巻一）

また香巌覚澄《きょうごんかくちょう》はいう。

「老子は謙恭、孔子は仁義、釈迦は慈悲と、それぞれに世を教化するが、三教は円融し、一団の和気がただよう。そこには我もなく人もなく、兄《けい》たりがたく弟《てい》たりがたく、名はべつべつだが、体はいつも一つ。だから善のし方はちがっても、世を治めるに変りはない。」（雨華集、巻三、三教図）

三教一致をとなえるのが、悪いというのではない。ただ、あれもよし、これもよしという妥協意識がまかり通るところからは、とうてい時代の恥部を凝視し、時流をくつがえす禅風の噴出は不可能だというのである。風あたりのない日だまりに、ぬくぬくと自己保存をはかる禅心学に、新風を期待しても無理だったのである。そうした心学の低調化を横目ににらみながら、王陽明が登場するのである。

思想革新の意味

すべて時代の流れに一新紀元を画する思想の出現は、従来、ほとんど常識化していた物の見方、考え方、人間観、価値観などに大幅な手直しを加えることによって可能であるが、それは単に個々の概念の内容に変更を加えるとか、新しい思想的素材をつけ加えることを意味するのではなく、実は人間の存在基底そのものを、根源から問い直し、すえ直すという力学的な作業によってこそ可能なのである。ちょうど、時計の分解掃除のように、時計の機能が低下し停頓したからといって、これを分解し、個々の部品にみがきをかけ、それらを再び組み合わせたところで、それはしょせんもとの時計の一時的復活であって、時計そのものの型をかえ、より高度の機能を生み出すことができないようなものである。

王陽明の歩み

官僚士大夫である陽明が、彼の新思想を提唱するためには、いきおい儒家の古典を通して、その新しい解釈を示すという形式をとらざるを得なかった。従って科挙試験をめざした彼の学問が、朱子学から着手されたことは疑いない。彼が二十一歳の時、朱子の遺著の中に、「一草一木に至るまで、理がふくまれている」という語のあるのを見出し、それをためそうとして、庭前の竹についてその理をきわめ、一週間、沈思したが効果がなく、ついに病を得たといわれる。竹とにらめっこをして、格物致知の真偽をためそうとするのは、見方によれば、朱子学の皮相な解釈とすべきであり、事実、右の話柄は、朱子学者の間で物笑いの種とされたのであった。だがそれは、陽明の、朱子学に対する誤解にもとづく、初歩的失敗に過ぎなかったのであろうか。

それより六年後、陽明は自己の読書法の誤りに気づき、彼なりの順序により、ある程度得る所はあったが、やはり「物の理と己が心とがべつべつである」のに苦しみ、旧患が再発して、入山の決意をいだくに至っている。なぜ陽明にとって、「一事一物に即してその理をきわめる」という平明な朱子学の教示が、それほどむつかしく感じられたのであろうか。禅の悟道が、ごく限られた上根のものにしか獲得できないのに対し、ありふれた日常的地平において、道理を追求して行き、その積み重ねのはてに、豁然として貫通するに至るというのが朱子学のねらいであり、朱子としては、どのような凡人でも実行可能な常道を示したはずであった。しかるに陽明は、そうした朱子の格物致知論は、「大力量」のあるものでなければ不可能だと告白している。これはどうしたわけであろうか。

苦悩の実態

思うに、陽明の問題意識の底に流れているのは、外界に理を追求して、これをわが物とする、その理の取込み方、体得の様式、もっとつきつめて言えば、そこに体得される理そのものの性格・内容にかかわることであったのではあるまいか。人倫の場における理の発見と把握は、実践主体の価値判断において行われることはいうまでもない。価値判断は、先にものべたように、それが既成の様態に依りかかる度合が強ければ強いだけ、その判断は容易であり、従って理の追求も容易である（そこに形式主義的道徳論が生まれる可能性があるけれども）。逆に、既成の様態に疑問をもち、理を自己の掌中で点検し直し、場合によってはこれに改変をほどこそうとするなら、そこには既成の価値観との葛藤をともない、理の集積は苦痛を喚起せずにはおかない。なぜなら、一事一物の理をわが胸中において設定する余裕もなく、次の事態が迫って来、あせればあせるほど、どうにもならない泥沼に落ちこむからである。

　陽明が、官学としての朱子学に、安易によりかかり、およそ与えられた価値判断の路線を忠実熱心に歩んで行こうとしたなら、さして苦悶はなかったであろう。少なくとも、「大力量」の者でなければ、実行不可能だとの嘆きはなかったであろう。だが彼は、そうした従順な道を歩み得なかった。それは彼の胸中に、理の実質に対する疑問、また価値判断を下す実践主体の在り方への疑問が、渦巻いていたからに他なるまい。陽明はまさに、朱子学によって支えられて来た理の在り方への、従順な適応態勢を失ったのである。だから彼の朱子学的格物論への不満は、窮理の方法上の技術にかかわるのではなく、そこに求められる理の内実への疑惑、その理に結びつく実践主体への不信であったのである。そこには陽明の窮理的技術の巧拙を越えた根本的問題が潜在しているのである。

心即理

「心と理とがべつべつである」という陽明の苦悩は、のちに、心（良知）が理を全面的にしょいこみ、価値判断の全責任を負うという、いわゆる「心即理」説（「性即理」ではない）において、解決をみるのであるが、この説が、朱子学の「心と理との貫通」という主張と大きく異なるところは、朱子学においては、心が物に即して理を見出し、価値判断を行うにあたっては、とかく客観的に定まった制度・権威・秩序・習慣などをそのまま前提し、その与えられた条件の上に心が理を求めて行くに対し、陽明においては、心が状況変革の可能性を見通しながら、理への自由裁量の余地を残しているという点にある。

このようにみて来ると、若き日の陽明の格物論行きづまりは、彼が当代の伝統的な倫理観・人間観・社会観などに根本から疑問をもち、理が理としての役割を果さず、人心を萎縮させ、風俗を堕落させ、民生を困苦させているという、悲痛な祖国の現状認識の上に立っていたわけである。もちろん、こうした弊害の打破は、朱子学のまじめな実践躬行《きゅうこう》によっても、ある程度可能であるかも分らない。しかしもしもそこに求められる価値判断が、小手先細工を許さない大幅な変容と革新を意図するものであるならば、もはや弥縫《びほう》的・微温的な補修では追いつかず、むしろ別途の方法が考慮されざるを得ないだろう。朱子の理の哲学では、事物の善悪の判定は、当初から自明のこととされていた。しかし陽明は、「義理は定在なく窮尽なし」（伝習録、巻上）「あらかじめ一箇の規矩を定めがたし」（同上）という。本心（良知）の納得しない善悪は、たとえあらかじめ定められているものでも、真の善悪とはいえないからである。「もし本当に自己の良知を発揮するなら、はじめて、平素善と思っていたことが、必ずしも善でなく、不善と思っていたことの方が、正しくはないかということが、分るだろう。」（同上、巻中）朱子学者から見るならば、陽明は、ことさらに異を立てるもの、好んで常道から逸脱しようとするものと眺められるであろうが、陽明よりすれば、朱子学こそ人間を本心から満足させる道より遠ざけたもの、形骸化せる価値観の中に閉じこめるものと観ぜられたのである。

理学への訣別

こうして陽明は、理の哲学に訣別し、仏教や老荘に接近する時期をもつ。それは彼にとって、理から心へ転ずる過渡期を構成することとなる。ただし当時、彼を指導するに足るだけの師家はおらず、いわば手さぐりで歩まねばならなかったのである。陽明が仏老に沈潜した期間の詳細な動静は分らないが、やがて科挙に合格し、三十三歳、山東郷試の主考官として出題した問題文の中に、きわめて注目すべき仏老観が示されている。

正道と異端

従来、朱子学では、仏老を不倶《ふぐ》戴天《たいてん》の仇のように異端視したが、陽明は、儒学界の中にも、腐れ根性で付和雷同したり、立身栄達のためには羞恥心を投げやる風潮があり、こうした現象を放置して、どんなに仏老二氏を攻撃しても、相手を圧倒することはできないとのべているのである。すなわち陽明は、異端と正道との区分を、教学の類別に求めないで、心のありよう、主体の存在様式に求めているのである。こうした考え方は、儒仏の区分にとらわれぬ明末思想界の動向を先取りしたものとして注目されるが、陽明の儒教への復帰が、単純に正道と異端との対決意識から行われたのではなく、上述のような流行哲学への鋭い批判をはらみつつ行われたことを、看過してはなるまい。腐れ根性・栄達根性の儒者とは、大まかにいえば、自得（道理の自己体得）がない学者ということである。この点、仏老には依然として自得の道が残っており、これを、形骸化した儒教以上の異端と認めることに、陽明はためらいを感じたのである。

龍場への配流

三十七歳、時の権力者にたてついたために、陽明は、南西の辺鄙な山中、龍場《りゅうじょう》（貴州省）に流される。住むべき家もなく、言葉は通ぜず、文明の光とどかぬこの辺境で、彼は、自己の歩んで来た道と、自己を取巻いていた官界や学界の閉塞状況を総点検し、始めて格物致知の真義に目ざめるのである。その心境の変化を、今少しくわしく追ってみよう。

第八章　陽明学の性格

陽明は、恵まれた環境に育ち、ある程度前途を約束された官僚として、外形的には（持病の肺患を除けば）順調なコースを歩みつつあった。言わば、当代における高水準の文化生活を享受すべき環境にあったわけである。しかも彼の胸中には、早くから、こうした官僚社会の風習や文化生活に順応し得ないものが、渦巻いていた。それを先程は、「価値観の動揺」と表現したわけである。「既成の圧倒的な威力をもつ哲学体系への疑惑」といってもよいだろう。こうした動揺は、静的な収斂《しゅうれん》によっても、一応の解決が得られるであろう。彼の先輩である陳白沙《ちんはくさ》のごときは、そうであった。

生死の一念

しかし今、陽明は、白沙よりもはるかに苛酷な環境に身をおいているのであった。もとより龍場への流謫は、他律的に強いられた運命であった。しかしこの劣悪な風土と、文化はてる辺境は、陽明から、いやでも文明人としての色眼鏡をはぎ取り、天与のままの活眼で、人間を見るべきを教えた。「配処に住み、困難につきあたり、さんざんな苦労にたえ忍ぶ」(朱子晩年定論序)とは、このことである。こうして世俗的な栄辱得失はすべて超脱できたが、「生死の一念」だけは脱却できなかったという。この場合、「生死」ということを、単に五尺の肉体の、この世への本能的執着ととってはならない。従前の生きざまに不信を覚えながら、なお新境地への脱出路を見出し得ない極限状況に追いつめられたものの、やりきれない苦悩を象徴するものが、この「生死」の二字であろう。こうして大疑団を抱きつつ、石墎《せっかく》の中に安坐し、ついに大きな転換路を見出す。それは、理を外に求めるということ、すなわち既成の理によりかかり、これを真裸の原始構造にかえすのをおこたるということの、誤りを悟ったのである。

新しい心学

理は分別意識だから、悟りの障礙となると、頭から押えつける禅家の主張は、決して正当ではない。理なければ、人は生きて行けず、理なければ、社会は存立しないからである。理はもとより私意によって作りなされたものではなく、かえって公理として、個人を越えた面をもつべきである。理の公的性格を無視すると、人は功利打算の徒となる(それは朱子の指摘する通り)。しかし理の客観的定立性によりかかって、これを習慣的に順奉する時、理は生命を失い、心は活力をうばわれる。そのはてには、所与の理さえふまえておれば、善美であるという形式主義・偽善主義がはびこるに至る。そこで理の客観性・超越性は、再検討を迫られる。理を定立し、理を創造するものは、他者でなくて自己であり、主客一体・物我一如なる心でなければならない。物を離れ、物と対立する心でなくて、倫物感応の場に即した心である。陽明学は、たしかに理学より心学へと、転身したのである。しかしその心学は、決して禅の二番せんじではなかった。なぜなら、それは人倫の場に密着した理を、しっかりとおさえた心学だからである。心学としての陽明学の特徴を示すものは、あの有名な知行合一説である。

知行合一

知行合一とは、分りやすいようで、分りにくく、それだけにきわめて誤解を招きがちな術語である。知行合一ということは、一般に「知ること」と「行うこと」とを、緊密に結びつけることだと理解されている。「知ったことは、必ず行う」というわけである。しかし古今東西、「知ったことを行うな」という倫理学はないであろうし、知と行との結びつきがゆるやかでいいという者もいないだろう。幕末の学者猪飼敬所《いがいけいしょ》は、代表的な陽明学者大塩平八郎を批判して、「大塩平八（郎）、真知実践を唱《とな》え候。佐藤一斎もまた然り。然れども真知実践は、王陽明の学のみにあらず。古の君子みな然り」（書東集、巻四）とのべているが、まさにその通りである。陽明学だけが、知と行との結合に、かくべつ熱心であったという説は、とうてい成り立たないのである。どのような倫理学でも、知と行とを、あざなえる縄のごとく、相互に密接に結び合わせようとしているからである。それでは、知行合一説の真意はどこにあるのか。

知行と心

知行合一とは、目の前に、知と行とを並べ、この両者を結びつけようというのではない。それはすでに、先にのべた心の立場から、遊離しているからである。何よりも先ず念頭におかれねばならぬのは、知も行も、心の知であり、心の行であって、両者の結びつく地点は、この一心をおいて、他にはないということである。知る主体も心、行う主体も心である。逆にいえば、心の知的限定が知であり、心の行的限定が行である。知として徹底的に自己充足し得る心であるから、行としても徹底的に自己充足し得る心なのであり、またこの道である。

このようにみて来る時、知行合一という標語によって、陽明がねらっているものは、知行両者の対立次元のことではなく、これを包む根源的心の活動機能にかかわることは明らかである。この渾一絶対な心を度外視して、いくら緊密な知と行との合一を説いても、それは陽明のそれとは全然別箇のものである。知が先であるのか、行の方が重いのか、知と行とはべつべつなのか、それとも一体なのか。こうした論議は、知と行とを、即今の自己から引離し、対象化し、客体化した上で、なされているのであって、すでに本来的渾一的心から、足をふみはずしているのである。知行の二文字にとらわれて、陽明のねらいが、単に知行分上にとどまると思ってはならない。くりかえしいうが、知行合一とは、知を支える地点としての心と、行を支える地点としての心とは、別体・別在せるものではなく、時空を越えつつ、しかも念々不断に現在化している絶対一如態（良知）の自己限定・自己展開だということなのである。

立言の宗旨

このように、知と行とを常に同処同時に包みこみ、しかもこれを自由にあやつって、その機能を存分誠実に発揮させるもの、それは本来一如なる心をおいて他にはない。これが陽明の「立言の宗旨」（発言の本旨）である。「もし立言の宗旨をわきまえないで、知行が一つだとか、べつべつだとか説いても、何の役にも立ちはしない。」（伝習録、巻上）「もし宗旨が分れば、べつべつと説いてもさしつかえない。それでもやはり一つなのだから。もし宗旨が分らなければ、一つだと説いても、何の意味もない。むだ話しに過ぎない。」(同上)

こうして陽明は、「知の真切篤実のところが行であり、行の明覚精察のところが知である」という断案を下すのである。これとても知ることに必死でつとめれば、そこから自然に行が生じ、行うことをまじめに反省すれば、そこから自然に知が生ずるという風に理解するならば、まだ陽明の真意に迫っているとはいえないであろう。「知ること」から、どうして「行うこと」が生まれるのか、逆に「行うこと」から、どうして「知ること」が生まれるのか、という疑問が依然としてついてまわるからである。このことばの眼目は、「知の真切篤実のところ」と「行の明覚精察のところ」とが、同一地点(心)であることを示すにあるのであり、これをぬきにして、知と行とを結びつけようとするのは、陽明の立言の本旨ではあるまい。

禅とのちがい

しかし、ここで人は問うかも知れぬ。禅でも、たとえば『六祖壇経』に、「定《じょう》はこれ慧の体、慧はこれ定の用、慧に即するの時は、定は慧にあり、定に即するの時は、慧は定にあり。もしこの義を識《し》らば、即ちこれ定慧等しく学するなり」とあるように、智慧と禅定の一体を説いており、陽明の知行合一説は、その焼き直しに過ぎないのではないか、と。

陽明心学が、中国における長い禅の伝統によってつちかわれた精神的風土の所産であることは疑いをいれぬ。しかし陽明が全く禅の亜流だとするのは、恐らく中国思想の発展を正確に受けとめたことにはならぬだろう。禅でいう慧とは、般若の無分別知であって、客観的事物についての理ではない（これはすでに朱子の指摘した通り）。しかるに陽明のいう知は、まさに客観的事物に即する理を探求するものなのである。また禅でいう禅定は、動静にかかわらぬ心の安定をはかるものではあるが、具体的な人倫の場における行為ではない。しかるに陽明のいう行は、まさに社会人としての積極的な行動そのものなのである。

仏者の反応

このように、定慧一体説と知行合一説とは、その実質を異にするから、仏者にとって、知行合一説の真意は、誠に理解しがたいものであった。万暦三高僧の一人紫柏達観《しはくたつかん》は、知行合一を評して、「知が先で行が後であることは、明らかだ。知らないで行う者は、いうに足りない」（紫柏老人集、巻八）と断じ、また「出世間を志す者が、必ず知を先にして行を後にするなら、その修行は効果がある。知らないで行うなら、たとえ数限りなく生まれかわっても、業苦《ごうく》を成《じょう》ずるだけだ」（同上、巻二）ともいった。

同じく雲棲袾宏も、知と行の先後をたずねられた際、「これは儒門の事だから、取り上げる必要はないのだが、あらましいえば、悟りきった時には、行はたやすくて、知はむつかしい。実践の段になると、知が先で、行が後である。たてまえがちがうのだから、両方それぞれに意味がある。だから両者併行して、矛盾しないのだ」（雲棲遺稿、巻下）と、全く要領を得ない見解をのべている。

心学と理学の総合

こうした禅と陽明学とのへだたりは、どこに原因があるのであろうか。それは、陽明学が、心学としては、禅に類似した顔をもちながら、その内実には、朱子学の遺産たる客観界の条理尊重の見解を受けついでいるからである。朱子が、禅を討つ武器として用いた理という概念を、陽明は、彼なりに掌握しようと腐心したわけである。つまり陽明は、心学と理学とを総合した立場を、創出したのである。そこで陽明は、その心学のかなめとなる心を、儒教（孟子）の言葉におきかえて、良知と呼んだ。それは、朱子学者からの、「禅である」という非難をカモフラージュするための便法ではなく、まさに百死千難中より体得した独自の心学を標示する、恰好の術語だったのである。それでは、その良知において、理はどのように掌握されるのであろうか。

良知のはたらき

理学における理は、前にものべたように、客観的な定理として、主体に先だち、主体をうながし、主体にその実行を命ずるものであった。しかしいま、心学としての良知は、みずからに先だち、みずからに命令する理を認めるわけにはいかない。それは良知の自滅につながるからである。知行合一の主体としての良知は、客観界の起伏遠近に、ひたむきな眼を向ける。いな、客観界の起伏波瀾が、そのまま良知の鼓動といっていいだろう。その高く低くうねる海潮のまにまに、良知はみずからのありよう、動き方、身のこなしを定めて行く。それが良知の理というものである。主客をつらぬく場全体に即して、そこにやむべからざる価値判断を下しつつ、自己を充足し、自己を発展させて行く、その良知の軌跡が理である。「致良知」(良知を致す)とは、朱子のいうように、外部に向って知識を拡充し探索するのではなく、行為の場をになう良知そのものの潮位を高め、より鋭く、より的確に状況を見定め、決断を下すことに他ならない。陽明は、『大学』にみえる「格物」を「物に至る」(朱子の説)と訓じないで、「物を正す」と訓ずるが、その「正す」主体は、いうまでもなく良知である。従ってもっと厳密にいうならば、「心の物を正す」ということになる。

理の創造

「心の物を正す」とは、心を既成の規範にはめこむのではなく、心（良知）が襟を正して、俯仰天地に愧じない判断を下すことである。天下の事物は、千変万化きわまりないのに、その理を追いかけて奔命に疲れるよりも、「吾が心の良知一念の微」において察した方が、はるかに効果的であり、はるかに簡易である、と陽明はいう。陽明のこの考え方をつきつめて行けば、理は良知において創造されるといわざるを得ないであろう。（陽明自身はそうした言葉を使用していないけれども、門人王龍溪は、「良知は混沌より根基を立てる」といった。混沌とは、状況の不明確をいうのではなく、既成の価値観の解体を意味する。）「良知は一箇であって、その発現し流動するままに、直下に充足し、全く去来することもなければ、何かに依存することもない」（伝習録、巻中）という言葉は、まさに良知が、そうした機能をもつことを宣言するものであろう。

朱子学からの非難

しかしこれを朱子学の側からみれば、良知にそれだけの絶大な機能を与えること自体、禅の一心万法論と実質的に変りはなく、儒教の仮面をかむった禅である、ということになるであろう。なぜなら、良知説では、とうてい理の安定性は確保されず、良知の欲するままに身勝手に操作され、黒を白と言いくるめることも、許されることとなるからである。良知の創造する理が、私意にもとづかないという保証は、どこにもないのではないか。これは、陽明在世中から、たえず投げかけられた疑問であり、攻撃である。良知に何の歯どめもかけないで、一切を任せきりにするのは危険ではないか、そこで作りなされる理は、口先だけのもので、何ら客観性・公共性をもち得ないのではないか。これこそは、禅以上に悪質な心学である。これが朱子学者一般の言い分なのである。

良知の自主性

一体、良知が右のような機能を保有しているか否かを判定するものは、何であるか。それは良知自身である。良知が、「私に、理を判定する能力があるのでしょうか」と、他者に問いかける時、良知はすでにその実体を喪失しているのである。良知がもしみずから、高望《たかのぞ》みしているのではないかと反省するなら、それが高望みと感知されないまでに、みずからを高め、錬磨すべきである。あれも高望み、これも高望みと、つぎつぎとみずからの機能を狭め弱める時、良知は腰くだけとなるばかりである。良知は常に、みずからの足腰をきたえ、背すじを伸ばし、奢らず臆せず、堂々と歩まねばならない。これを陽明は、「真誠惻怛《しんせいそくだつ》」（心底からわき出る鋭敏な情感）と表現したのである。

「思うに良知は、天理が自然に霊妙な自覚をもって発現したものに他ならず、真誠惻怛がその本体なのです。だから、この良知の真誠惻怛をきわめて親に事《つか》えると、それが孝であり、この良知の真誠惻怛をきわめて兄に従えば、それが悌であり、この良知の真誠惻怛をきわめて君に事えると、それが忠であって、それが良知というもの、真誠惻怛というものに他なりません。」（伝習録、巻中）

良知の理

良知において構成される理は、いわゆる知識の対象としてのそれでないことはもちろん、心の中に特定の先在権・優先権をもつものでもない。すなわち理は、無前無後・無上無下、やむを得ざるもの、のっぴきならぬものとして、形成されるものでなければならない。それは、毀誉褒貶《きよほうへん》をかえりみず、成敗利鈍《せいばいりどん》を度外視し、自得の源底から見出される理であるから、朱子学的定理論とは、異なった意味において、安定した理、信頼のおける理といえるのではあるまいか。なぜなら、これほど責任の所在の明確な、理のありようはないからである。

以上、良知と理の関係を考察し、良知は先在的な理によって左右されはしないが、個々の事行においては、理にそって動き行くことが明らかとなった。理とは、具体的な行為の場に即して言えば、善悪の判定を明らかならしめる、ということであろう。それでは、良知の体そのものは、善であると断定できるであろうか。良知は、先験的定理をもたない点では、無善無悪というべきであろう。しかしたえず理を創出する点では、善というべきであろう。この両者の使いわけを、陽明その人は、さほどたくみに、分りやすくのべているわけではない。しかし、陽明の遺著には、明らかにこの両説が、あわせ説かれているのである。それは、心学と理学とを総合した陽明学の、弱点を露呈しているのであろうか。

無善無悪と為善去悪

良知の体が無善無悪でありつつ、しかも実践の場においては、為善去悪（善をなして悪を去る）の機能をはたし得るということが、果してあり得るであろうか。かりにそうしたことがあり得るとしても、心が二重構造をもち、良知の渾一性が崩れ去る懸念がいだかれるのである。元来、無善無悪という言葉は、その概念の内容、必ずしも明白でない。仮りにこれを、「善をなみし悪をなみする」と解するならば、私意放縦を許すこととなるであろう。或いは、「善も悪もない白紙の状態」を意味するとするなら、実践的意欲のとぼしい静観主義に堕するであろう。だが陽明の良知説は、内に向っては、いささかの欺瞞退嬰《ぎまんたいえい》を許さず、外に向っては、毀誉褒貶を物ともせず、自己実現に邁進するものであった。その良知の実質となる無善無悪とは、どこまでも、燃え盛る生命そのものを表現するもの、したがって善悪に執われず、これを自在に操作するものでなければならない。この意味で、陽明の説く無善無悪は、「善悪をなみする」ものでもなく、また「善悪なき白紙の状態」でもなく、「善悪を超出しつつ、善悪を創造する」ものでなければならない。

陽明はまた、「善悪一物」といったが、これも善の要素と悪の要素が混在しているということではなく、善悪いずれへの翻転も、良知の独用（ひとりばたらき）によって、自在に行われるということ、従って良知そのものは、善悪をもって規定しがたい骨格をもつということであろう。善悪一物と無善無悪とは、同一事態の異なった表現である。

良知を善一辺と規定する時、その活潑自在な自主的創造力が殺《そ》がれる恐れがある。しかしまた無善無悪の一層に閉じこめるなら、あいまいな妥協論に引きずられる恐れがある。無善無悪なるがゆえにこそ、念々不断に独自の善を創出することが可能なのであり、無善無悪と為善去悪とは、あくまで一体化してあるのである。そしてそのことは、理学と心学との見事な総合を意味するのであり、中国思想史上、新しい心学が誕生したことを意味するのである。

朱子学よりすれば、理を頭から無視する禅的心学は、その異端的性格が見分けやすいが、理を口にする陽明心学は、たくみに人の眼をあざむくから、それだけ悪質な心学ということになるであろう。清朝の朱子学者張武承《ちょうぶしょう》はいう、「勝手な議論をぶちまける陽明ごときは、孔子・孟子を借りて禅宗をかざり、権謀によって道義をごまかし、程子・朱子の規矩を破壊し、聖賢の門庭をふみにじっているのである。」(読史質疑)

新時代の開幕

以上みて来たように、陽明学は、心学であるとはいえ、禅に解消しきれない、独自の体質を保持しているのである。そして陽明の出現は、とかく理学の勢力に押され気味であった心学路線に、生気よみがえらせるきっかけとなり、その風潮の中から、禅を中心とする明末仏教の復興運動が行われるのである。

第九章　明末における仏教復興の原点

ふつう、禅宗側の資料では、陽明学は禅宗から、生まれたという。たしかに禅宗的な伏流があったればこそ、陽明の出現は可能であったであろう。しかし明代思想史において、理学路線より心学路線へと決定的転換契機となったのは、禅宗ではなくて、陽明心学である。禅が一方的にみずからの恩顧を陽明に売りつけるのは、忘恩というものである。それではなぜ、陽明心学の流行は、明末仏教の復興をうながすきっかけとなったのであろうか。

陽明学の分派

先にみたように、陽明学は、心学と理学とを総合し、価値判断においては、無善無悪と為善去悪とを兼備一体化せるものであった。陽明の生涯は、その歿後の陽明学派の動向からかえりみる時、この両者の均衡の上に成立っていたように思われる。しかし彼が歿してのち、心学的側面と理学的側面のいずれを重んじるかにより、陽明学派はさまざまに分派し、一家言を弄する思想家が輩出するに至るが、万暦年間以降に及ぶや、理学を完全に心学化した左派王学が、圧倒的勢力を占めるに至った。その先駆となったのが、陽明の高弟であり、「王門の顔淵」と呼ばれた王龍溪である。

王龍溪における「意」

龍溪は、既成の道徳律によりかかることを極度に忌避し、たとえ善を行うにしても、その痕跡をあとかたもなく払拭してこそ、心学としての良知の真生命が発揮できると考えた。一般に人が行為する場合には、何らかの意味で目的意識をもつ。これを『大学』では、「意」と呼んでいるが、良知が活動するためには、当然、この意のもり上り（目的意識の明確化）がなければならない。しかし意の過剰化が進行する時、いかにそれが善意であろうとも、意の固定化・凝縮化が発生し、それはやがて良知の行く手を外的に規制することとなる。良知が当初から既成の道徳律（朱子のいう定理）によりかかる時、すでに良知の自主性が失われるということは、陽明において試験ずみであるわけだが、いま龍溪は、良知の具体的発動場面たる意（従ってそこでは当然是非善悪の判定が要求される）においても、それがいささかでも停滞し、痕跡をとどめるならば、直下に悪に転ずるというのである。

「心は元来、悪のないものである。もし意を起さなければ、たとえ善でも、名づけようがない。それが至善である。もし意を起せば、妄となる。たとえ善意を起しても、すでに本心からずれているのであって、これが義襲（外部から義理をつかみとる）というものであり、誠と偽との分岐点である。」（龍溪集、巻五）

つまり龍溪によれば、心が、意すなわち一定の目的意識をもつ時、心は自性《じしよう》としての流動性を失って、有相《うそう》の着色をこうむり、偽善・私利が混入して来るというのである。しかし人間が、具体的行為をなす場合、本能的衝動に任せるならいざ知らず、目的意識なくして動くことがあり得るであろうか。もし何らかの目的意識を持たざるを得ないとすれば、龍溪の主張は空論になるのではないか。

天然の格式

このことを考えるにあたって、留意すべきは、龍溪が良知の性格を規定するにあたって、しばしば、「良知は是非なきも、是《ぜ》を知り、非《ひ》を知る」という言い方をしていることである。「是非なし」とは、無善無悪を意味し、「是を知り非を知る」とは、具体的事行における善悪の判断を意味するのであろう。すでに善悪の判断を行うとすれば、その場、その場における目的意識を内具しているとみなければならない。とすると、龍溪は、目的意識を認めるかのごとく、認めざるかのごとく、容易に理解しがたい印象を与えるのである。

しかしここで一歩つっこんで、考えてみる必要がある。意念を起し、目的意識をもつことは、どこから起り、どこに依存しているのであるか。行為の規矩準縄を立てるという、その準則規範は、どのようにして定まって来るものなのか。それはいうまでもなく、良知（本心）をおいて他にはない。その良知は、既成の道徳律によりかかることを、極度に忌避するものである。しかし、「是を知り非を知る」以上は、規矩判定能力を内にふくんでいなければならない。そこに生まれる規矩準則とは、ひっきょう、良知体内より、おのずからわき出る「天然の格式」ということになるだろう。「迹にとらわれなければ、天然の規範が、おのずとあらわれる。これが真の規範である。意を起さなければ、天然の契機が、おのずと動く。これが真の行為である。」（同上、巻一五）

目的性なき合目的性

このように見て来る時、龍溪の意念否定の意図も、おのずと了解されるであろう。すなわちそれは、良知当体の必然的溢出としての意を否定したのではなく、既成の規範によりかかった後天的意念を否定したのである。つまり良知は、目的性をもたずして、しかも目的性をもつもの、いわば目的性なき合目的性なのである。だから龍溪はいう、「一切の俗情欲望は、すべて意から生じる。心はもと至善なのだが、意に動いて、始めて不善が生じる。もし先天の心体上に根本をすえれば、意の動く所には、ひとりでに不善はなくなるし、一切の俗情欲望も、ひとりでに入らなくなる。」（同上、巻一）良知のこの性格を会得すれば、腐臭《ふしゅう》も神奇なものとなるし、会得しなければ、神奇も腐臭に転ずる。

良知への還元

このように意は、その発動場面において正邪が検討されるべきではなく、たえず良知の本体に還元されて、その体質の点検洗滌が行われなければならない。つまり意が、惜しみない努力をかたむけて生みなした是非善悪であるにしても、それを後生大事にかかえこまないで、無善無悪なる心の本体の中に送りこみ、そこで溶解させなければならないのである。それが、「良知は是非なきも、是を知り、非を知る」というものであろう。その良知の溶解作業に重点をおくならば、おのずと、為善去悪よりも、無善無悪の方が前面に出て来ざるを得ない。

仏教への通路

世には、無善無悪説は、龍渓の創案であって、陽明にはそうした考え方はなかった、というものがあるが、それは誤りである。ただ、龍渓において無善無悪説が、一段と高い調子で説かれたことはまちがいなく、それが陽明学の含む理学的側面を希薄にして、心学的側面を強化し、やがて仏教と握手する通路を開くこととなるのである。「陽明が（独自の学問を）提唱して以後、王龍溪や周海門（龍溪思想の後継者）が、始めて平然と仏教を口にするようになった」（禅僧覚浪道盛の語）といわれるゆえんである。

教学意識の超越

陽明学が仏教の興隆をうながしたいま一つの理由は、陽明学そのものが、実は儒にして儒にあらざる性格をもっていたということである。すでに陽明が若き日に、形式化せる儒教よりも、自得を尊ぶ老仏の方が、学問としてより正常だとしたことをのべておいたが、この考え方を更に徹底すれば、「学問は心に体得するのが大切なのであって、心にかえりみてまちがっているなら、たとえその言葉が孔子から出たとしても、正しいとはしないのである」（伝習録、巻中）「道は天下の公道であり、学は天下の公学である。朱子が私すべきものでもなく、孔子が私すべきものでもない」（同上）ということになるであろう。要するに自己の本心に忠実であるのが、学問の第一義ということである。

ところでその本心なるものは、儒教とか仏教とか道教といった教学の分派する以前の実在であり、この道ではない。心は教学を超えている。心学は、それが育った土壌が、儒教であり、仏教であったにしても、それは培養の手段となっただけで、心そのものは本来、教学にとらわれるべきではない。

教学の原点としての心

陽明は、致良知、知行合一、格物など、儒典にみえる術語を使用して、その思想を表現したが、「聖人が六経をのべたのは、人心を正そうとしただけのことだ」（伝習録、巻上）と、六経の権威よりも心の方を上位においているのである。つまり教学の枠にしばられぬなまの人間が、思想界の前面に躍りでて来たのである。その点より言えば、陽明心学の出現は、朱子学に対して、陽明学という新しい儒学が生まれたという風に、限定的に理解されるべきではなく、教学を超えて、自由に己が欲するままに自己鍛錬を行う道が開けて来たと受取らるべきである。もとよりこれに類似したことは、禅によってある程度なされていたであろう。しかし禅者の生活様式が、禅教団という超俗性を帯びた聖域を拠点としていたに対し、陽明は、中国社会の荷い手たる士大夫層のまっただ中にあって、さまざまな制約を物ともせず、なまの人間に帰るべきを叫んだのである。禅的聖域は、見事に打破されたのである。だから王龍渓は、「先師（陽明）の提出された良知の二字は、三教をかたどる根本精神である。……これに同ずるなら同徳、これに異なれば異端である」（龍溪集、巻四）といった。

異端観の変質

こうなれば、定理を実践するか否かに、正道と異端との区分を厳正にした朱子学の異端観は、完全に崩潰せざるを得ない。異端となる危険は、外にあるのではなく、内にあるのである。本心が自己に忠実率直に生きているのが正道、それに反するのが異端である。正道と異端との岐路は、紙一重である。たとえ朱子学が、儒教の正統と認定されて来たにしても、この原則にもとるなら、異端となりかねないし、たとえ禅が、異端の尤なるものと認定されて来たとしても、この原則に合致するなら、正道に接近し得るであろう。「仏老二氏は、前代にあっては異端であったが、わが明代にあっては正道である」（楊復所、証学編上）という声がささやかれ始めた万暦年間に、仏教が復興して来たのは、決して理由のないことではない。

一禅僧の、陽明讃美のことばを見るがよい。

「王陽明は、帝王を助けるだけの才能の持主であったが、宰相の地位につかなかったので、その徳沢を天下に及ぼすことができなかった。けれども、古の聖人が、まだのべたこともない学説をとなえて、天下の豪傑を鼓舞し、千年もとだえていた学問を復興さ

せたのは、なんと偉大ではないか。」（釈方沢、冬谿外集、巻下）

朱子学からの解放

かつて朱子学全盛の時代には、「仏教が盛えれば儒教が衰え、儒教が盛えれば仏教が衰える」ということが、当然のこととして主張された。しかし今や、儒仏相互を敵対関係においてとらえる朱子学から解放されて、儒仏の枠にとらわれず、己が心（良知）の欲するままに、どこからでも自己の思想形成の素材を求め得る道が開かれて来たわけである。この思想運動においては、もはや儒が先か、仏が先かは、第一義の問題ではない。自己の心に忠実であるか否か、自己の心的膨張をいかに効果あらしめるか否かが、最大の肝要事となったのである。

思想界の再編成

しかし古今東西の思想界に見られるように、強力な指導体制をほこった特定教学の没落のあとに訪れるものは、思想界の混乱であり、多種多様な再編成のこころみの出現である。これを明末思想界について見るならば、朱王一体・儒仏和合・三教合一・禅浄一致・教禅融和・南北両禅結合等々の諸現象である。これら諸現象の個々のケースについて、その素材が何と何であるか、その素材の源流がどこにあるかを究めるのは、もとより必要条件である。しかしもっとも重要なことは、個々の思想家が、どのような自覚と意図をもって素材の取捨選択をし、そこにどのような自己定立の道を探り、衆生教化（社会活動）の方途を見出したかということである。素材の摘出と、その古びた衣装の品定めだけでは、明末思想家の本心や実態を解明することにはならないのである。それは結局、彼らを唐宋仏学（もしくは儒学）の二番せんじに終らせるだけだからである。

第十章　新仏教をになう群像（上）

紫柏達観の社会禅

明末の仏者に課せられた使命は、何よりも右のような思想界の混乱と不安の中に分け入り、社会的不正をあばき、民生の安定に寄与することである。万暦年間に活躍した僧侶の中で、紫柏達観《しはくたつかん》・雲棲袾宏《うんせいしゅこう》・憨山徳清《かんざんとくせい》の三者を万暦三高僧と呼ぶが、『万暦野獲編』の著者は、達観と袾宏を比較して、「この二老の行き方は、ずいぶんちがっている。袾宏は、西方往生を直指して、後学をみちびくのに、達観は、人なみすぐれた悟りを得、機鋒によって言下に相手を目ざめさせようとする。袾宏は、限られた場所にこもりきりなのに、達観は、忙しく飛びまわり、至るところ帰依を受けている」（巻二七）という。これによれば、達観は、恐ろしく社会的使命観に燃えたち、大乗菩薩道の実現のため、天下せましと奔走したものと察せられる。彼がさる官僚に送った書簡にはいう。

「世間法の変態が行きづまったら、出世間法で救わなければ、その変態はいつまでもやまない。出世間法の変態が行きづまったら、世間法で救わなければ、その変態はいつまでもやまない。ところが、儒教徒にも仏教徒にも、そうした深憂を抱いた人が少ない。だから互いにその弊害を除きあうことができず、そしりあって、弊害がますますはげしくなるのだ。」（紫柏老人集、巻二三）

つまり彼は、儒仏両教ともに低調をきわめ、世情は変態百出する状況にありとし、いまこそ出世間法たる仏教の出番だと言い放っているのである。彼は特に、政治の担い手たる官僚階層の無能と無責任に、むき出しの怒りをぶっつける。彼らは、権柄をかさに着て人民から搾取し、賄賂《わいろ》をむさぼって袖の下にかくし、上は、君主をつんぼさじきにおき、中は、仲間同志でかばい合い、下は、人民の怒りをおさえつけている。人民は国家の根本であり、人民をいじめるのは、君主を滅すこととなり、それはやがて彼らの誇りとする官爵を根こそぎすることに気づいていない。何たる大馬鹿者であろうか（同上、巻二一、戒貪暴説）。彼が、科挙試を無用の具とし、これによって人材を登用し、政治の助けとしようとするのは、火に油をそそぐようなものだというのも、やりきれないほどの官僚不信感を、表明するものであろう（同上、巻八）。

末法の一大勇猛丈夫

文人董其昌《とうきしょう》が、たまたま都に出て来た達観に招請状を送ったところ、「馬上の君子は仏性なし。雲水は東南に接化するにしかず。初機利根、大法を紹隆せん」（おえらい役人には仏性がない。だから都離れた東南地方で接化するに越したことはない。うぶな連中の方が、しんから仏法を信じるから）との返事をよこしたという（画禅室随筆、巻四）。このように達観は、官界すなわち世俗的権力機構を眼下に見下し、世俗権力をこえる大導師気どりで、天下を周流し、衆生済度に挺身するのである。「末法の一大雄猛丈夫」（徳清の語）と呼ばれるゆえんである。悪徳官僚と宦官一派によってしくまれた鉱税問題に、彼の菩薩精神が逆流したのは、当然のことであった。出世法の力をもって、社会悪の根源をつこうとした彼は、一時的成果を収め得たものの、ついに敵の策謀にかかり、いわゆる妖書事件に連坐して逮捕投獄され、ついに獄中で自殺するのである。「僧侶たるものが、（出家するにあたり）髪を断つのは、首を断つのと同じこと、今さら断つべき首なんてありはしない」と喝破する達観は、平素から、不惜身命に闘志をもやしていたのであった。

彼の獄中の語にいう。

「万物をよせ集めて、全一の自己とする。全一の自己となれば、己れの外に物はなく、物の外に己れはない。物の外に己れがないから、己れの作用《はたらき》は即ち物の作用である。己れの外に物がないから、物の作用は己れの作用である。……己れが物を転ずるのを、如来という。逆に己れが物に転ぜられると、如去という。如去は衆人であり、如来は聖人である。」（紫柏老人集、圜中語録、警大衆）

陽明と達観

この言葉は、はしなくも、「聖人の心は、天地万物をもって、一体となす」という信念のもとに、「功利の毒が、人の心髄にしみこみ、千年近くも、習《ならい》、性となっている」時勢に体当りして行った王陽明の、「抜本塞源論」（伝習録、巻中）を想起させるであろう。『西山日記』の伝えるところによれば、達観は、ある時、廬山の石壁に刻まれた王陽明の詩を見、それがちょうど宸濠《しんごう》の賊討伐中のことと知って、「古人は、あわただしい軍中にあっても、こんなに心が落着き、才気が筆墨の間に横溢している。だからこそあれだけの大功をたてることができたのだ」（同書、巻上）と感嘆したという。陽明心学の源流は、脈々と達観心学へと伝わっていたのである。

体用兼備の禅

ところで、右に引用した達観の語の中に、「作用（原文は用）」という文字が使用されていることに注意する必要があろう。かつて朱子学では、「仏教は、体があっても、用がない」と評したが、いま達観は、この語をはねかえすように、「仏者にだって立派に用はあるさ」と高らかに叫んでいるのである。これはまさに、「体もあり、用もある」といわれた、宋の大慧の禅風を思わせるであろう。果して徳清《とくせい》は、「達観塔銘」の中で、「足は、遠く臨済を追うべく、上は大慧の風を接《つ》ぐ」とのべたのである。当時の儒者が、「仏教にも仏教なりの体と用がある」と認めているのは、まさに達観風の禅を目撃してのことであろう。

徳清の活躍

達観の盟友に徳清がいる。彼は、五台山中で氷雪苦寒にたえつつ修行し、三十歳の時、発悟するが、彼の名声が宮廷にまで達し、俗事のわずらわしさが増して来るや、山東牢山(労山)に逃れ、海抜五千丈の草庵を禅居と定める(のちに海印寺と命名)。かねてから徳清の徳望をしたう聖母(李皇太后、世宗帝の母)は、使者をつかわして三千金をもたらすが、徳清はこれを拝辞し、かえってこれを山東の饑民にほどこす。ただ、元来、山東地方は、道教の一派たる羅祖の無為教の拠点であったため、徳清の感化がひろまるにつれて、この派との摩擦を生じ、道教に味方する地方官僚にそそのかされた数百人の無頼漢が、徳清の道場を占拠するという騒ぎもあった。牢山にあること十二年、たまたま宮廷内に発生した権力闘争は、かねて聖母の恩寵を受けていた徳清の身辺にまで及び、彼をにくむ道士の流言のため、皇帝の怒りにふれ、嶺南雷州に流謫されることとなった。わが国で広く読まれている『菜根譚《さいこんたん》』序文の筆者于《う》孔兼《こうけん》のごときは、知人に書簡を送り、「ちかごろ労山の僧侶（つまり徳清）が、士大夫の間に名声をはせて、人望を得ていないわけではない。だがこうしたしくじりをやらかした。交際《つきあい》はつつしまねばならぬ。あなたは、早く彼と縁をきらねばいけない」（山居稿、巻四）とのべているが、これは逆に、当時の徳清の重望を裏がきするものであろう。

徳清と達観

南下の途中、江上旅泊庵《りよはくあん》で、達観と会見するが、その時達観は、「この先、自分の方が先に死んだら、後のことはよろしく頼む」と言ったというが、（達観塔銘）これは不幸な予言となったのである。嶺南は、毒気天に満ち、疫病流行し、連年雨ふらず、饑饉続発する、地の果てである。徳清は、若き日に五台山で鍛えた体力に物言わせ、経典に親しみ、坐禅に打込む。この荒涼たる境地にあって、徳清の衆生済度の熱願は、かえってそのいぶきを高める。

曹渓の復興

広東の奥地曹渓には、六組慧能の住した遺蹟があり、言わば南宗禅発祥の地である。その頃、その山内には、四方の浮浪者が集まり、いやしい商店が軒を並べ、積弊百余年、六祖の道場は狐窟となる有様であった。徳清は、その地の役人と力を合わせ、無頼漢を一人残らず放逐し、店舗はことごとくこぼち、片瓦を残さぬ成果をおさめる。達観に報じていう、「曹渓はもと中国の宝林とよばれていたが、このごろは悪魔のすみかとなっていた。……それをほとんど一掃し、悪魔のむれをすっかり追っぱらい、今や、穢土を浄土にかえ、業苦の海を蓮華の池にかえようとしているのだ。」(夢遊集、巻一三)。徳清、五十八歳の時、「達観獄中に死す」との悲報が届き、全身から力のぬけるのを覚えるが、あの旅泊庵における遺嘱を改めてかみしめたことであろう。

徳清は、嶺南にあること十五年、六十六歳の時北上するが、「憨山《かんざん》は、広東から帰り、人望がいよいよ高まった。彼が呉越地方に布教すると、当時のすぐれた若者たちは、身の廻りの世話をし、先をきそって彼の便器を洗う始末だ」(野獲編、巻二七)と称されるほど、彼の身辺は、道を問うものが殺到したのである。

自性の確立

　さて、以上のような徳清の社会的救済活動の基点となったのは、何であろうか。これについて注目すべきは、彼が、『荘子』譲王篇にみえる、「道の真によって身を治め、その緒余《あまりもの》によって国家をおさめ、その土苴《くず》によって天下を治める」という語を、しばしば使用していることである。この言葉を、彼は次のように理解するのである。

「自分の本性を十分に会得すると、それによって君に仕えると真の忠となり、それによって親に仕えると真の孝となり、それによって友に交わると真の信となり、それによって夫婦であると真の和となり、それを天下国家にほどこすと、あらゆる施設、一事一法が、すべて不朽の功業となる。」(夢遊集、巻三九、自性説)

　つまり彼は、先ず根本実在としての自性を確立することが肝要であり、それを基にしてあらゆる対応の場に接して行くならば、人倫生活は真となり、天下に不朽の功績を残すことができるというのである。そこで彼は、『大学』冒頭の、いわゆる明徳・親民・止至善の三綱領を解しては、「天下の事物は、すべてわが心中におさまる。今、己れが悟った明徳を、天下の人びとにさし示し、すべての人を悟らせようと欲するのだ。思うに、欲するというのは、(仏教でいう) 願力のことなのだ」と言いきった (同上、巻四四、大学綱目決疑)。

こうして、世俗諦と真実諦（仏語）とをぴったりと重ね合わせ、真性の力による世俗諦の反転によってこそ、不朽の事業をなし、治国平天下を約束できるとするのである。彼が、「仏教は忠孝にそむかない」というのは、決して口先だけの題目ではない。

覚浪道盛

達観・徳清よりややおくれて世に出で、この両者よりも一歩進んだ社会禅を説いた者に、覚浪道盛がある。道盛は、法系よりいえば、東苑元鏡につぎ、無明慧経の薫陶をうけた曹洞宗に属するが、彼自身、万暦三高僧を口にしているように、幅広く自分なりの問題領域を追求しつつ、その火の禅理を完成したようである。彼は、いわゆる明清《みんしん》変革期を生きぬき、民族滅亡の惨状を目撃しただけに、その禅風は、一層凄絶にならざるを得なかったのである。彼において注目すべきは、歴史が非情無残な様相を呈するにつれて、宿命観や世紀末的無常観、或いは念仏禅などが流行する中にあって、そうしたものには目もくれず、いかなる社会的災厄も、大乗菩薩道を実践する方法として受入れ、大冶《だいや》紅爐《こうろ》禅《ぜん》の中で溶解し、新しい歴史形成の要因としようとしたことである。

爐火にとかせ

「こんなに、世界は壊れはてていますし、人心も壊れはてています。仏菩薩としては、どんな慈悲方便によって、これを救済なさいますか」

という、ある官僚の問に対し、道盛は、世の治乱を、銀塊の純と不純にたとえて、次のように答えている。まじりけのない銀塊は、どんなに砕いても、清純な銀塊である。だがそれを爐火にかけ、一分・二分と銅をまぜるにつれて、銀の精度は次第に落ち、ついには全くの銅となってしまう。純粋な銀塊にも比すべき国初の太平が、ここまで衰乱して来たのは、まさに銀が銅と化したも同様のことである。「であるからして、天もこれをいやがり、人もこれをいやがるのである。そこでぜひとも（歴史の現状を）一挙に大爐火に投じ、ぐらぐら烹《に》、銅・鉛・鉄・錫《すず》をすっかり溶かしてこそ、あの国初の完全な本色に還るであろう。」

こうしてこの問答は、次のようにしめくくられている。

「そうだとしますと、造物者はかならずわれわれに毒手を下すのでしょうか。」

「毒手を下せばこそ、造物者は仁と言えるのだ。そうした手だてがなければ、天地の心は消滅してしまう。」（覚浪全録、巻三二）

毒手を下す

「毒手を下す」ということは、対機誘引のための悪辣《あくらつ》な手法という意味では、禅門の常套語となっているが、いまここでは、民族の興亡、民生の困厄という歴史的社会的課題を、禅者としてどのように担うかが問われているのである。道盛が、先には大冶《だいや》紅爐《こうろ》禅《ぜん》の語を用い、ここでは爐火による烹煉《ほうれん》をもち出しているのは、単なる譬喩でなく、彼の思想の枢軸とかかわりがあることは、あとで明らかとなるが、彼は決して造化の下す毒手を、手放しで楽しむ悪趣味に堕しているのではなく、歴史や造化を動かす最根源者は、人間の心力であるから、毒手はそのまま時局を回転する好手となり得るというのである。

治乱の軸としての心力

当時、各地に発生した流寇《りゅうこう》の原因が、為政者の搾取と無責任にあると見ぬいていた道盛は、「人民の生活実態もわきまえず、乱に代えるに乱をもってしても、人民の安んずる日はあり得ない」と手きびしく為政者を批難し、「乱に代えるに治をもってする」ための転機を、「天運気勢」に求めないで、「吾人の自心」に求めよと主張するのである。聖世と乱世とを一味にとらえる政治の力学を動かす回転軸となるものは、本来、人間に内具している心力以外にはないはずだ、と彼は叫ぶ。しかも陽明学一門が、ようやく衰退期に入った今こそ、活法としての禅の出番が訪れたのである。

怨の禅法

このような政治的危局と禅との結び合わせから、道盛は破天荒な禅法を提唱する。それは、「怨の禅法」とでもいうべきものである。ただし、「怨み」は、決して「恨み」ではない。たとえば、当時、「欠陥世界」という語がはやり、紫柏達観のごときも、「娑婆は、欠陥世界である。欠だから、なかなか意のままにならないし、陥だから、なかなか出離できない。意のままにならなければ、どこに往っても苦だし、出離できなければ、どこに往っても引きずられる」（紫柏老人集、巻二四）とのべており、そこから脱出するためには、対境を追いかけないで、身体が己れの所有でないことを知れ、といましめているのであるが、道盛は、更に一歩を進め、

「天地古今には、空欠せる時はなく、空欠せる人もなく、空欠せる事もなく、空欠せる理もない。……だのに今日の人は、生まれ合わせが悪く、何らの力もないのを、恨みに思っている。では一体、どんな時世に生まれ合わせれば、結構だとするのか。どんな力を授かれば、満足するのか。そんなに、時世を恨み、非力を恨むのは、自心を知らないからだ。生死昇沈は、すべて自己の業力によるのである。その業力の強弱を反省もせ

ずに、時世や世事を逆恨みしている。」（全録、巻三二）

ここで道盛は、乱世に生まれ合わせたことを恨む心情のいじましさ・卑屈さを追及し、時弊とのなまの体当りによってこそ、治世の招来が可能であり、人心には本来、そうした力用がそなわっていると策励しているのである。このように時代への怒りと時弊に対する担い手意識が燃え上る時、恨みは怨みに変質し、「天地の義気」としての性格を帯びて来る。こうして道盛は、喜怒哀楽を軽がるしく表に出さぬことを身上とする禅門の常識を打破し、「怨の禅法」を、誰はばかることなく、押し出して行く。

怨みと恨み

参禅学道とは、怨怒の炎を燃え上らせることである。怨め、怨め、怒れ、怒れ、雷のように、地鳴りのように。道盛は、そうけしかけ、呼びかけるのである。怨は、もっとも悪質な煩悩の一つではないか、と疑ったとたん、忽ち「分っちゃいない」とつき放されるであろう。

ただ道盛のいう怨は、被害者が加害者に対して抱く憎悪の感情とは、全く別箇のものであることに注意する必要があろう。彼のいう怨は、加害者が加害者となったことを怨むのである。もっと精密にいえば、加害者が加害者となった自己の運命を呪い怨むのではなく、加害者が加害者となるまでに低落し、自己の本分を喪失したことを怨み怒るのである。だから怨をぶっつけるべき相手は、別にあるのではなく、他ならぬ自分自身であり、自己が支えている世界そのものである。そこで、恨みと怨みの区別は明らかとなる。怨みは決して悪性の煩悩ではなく、参禅学道者がみずからに加えるきびしい警策なのである。

実在の根源としての火

以上のように、怨が、人間の心的機能の中心にすえられる時、これに照応して、客観界を構成する諸要素の根源となるものは、何であろうか。道盛によれば、それは火であるという。

中国の伝統的な宇宙生成論によれば、万物は木火土金水の五行の相生《そうしよう》相克《そうこく》によって構成され変化するとされ、その中、土が中徳として別格視されるのが常道なのであるが、道盛は、この通説を退け、火こそ生成の根源であり、五行の中で最も霊妙な作用をもつものだという。道盛が、火を中徳・至徳とする理由は、それが不断に生々する霊力をもち、あらゆる場面と機会に発出し得る体質をそなえているというにある。彼の説明は、もちろん精密な自然科学的根拠の上に立っているわけではない。しかし彼が、この火を、易経にいう陰陽の陽に読みかえる時、その火＝陽は、すでに人間存在の哲学的根底の意味をもっていることは明らかであり、しかもそれは寂静不動の中に明煌々《こうこう》と輝く悟りの炎なのである。

こうして道盛の主張は、客観界における生成の原理と、主体における悟得実践の原理とが、不離一体なものとして把えられていたことが明らかとなるのであるが、それは一切に周遍する火（真陽・性火）が、人間においてこそ最も明確に発動し得ること、人間はそのような能力を保持する、かけがえのない存在であることを訴えようとするものであろう。

とすれば、五行の相生相克を成立させるものは、究極的には、内面にあふれる自足・自責の念の確立にあり、そこには先にみた怨の思想の提唱と、同一の理念が流れているのである。人は相生相克の中に生存せざるを得ないが、それをはずみとして自由に制御し得る能力をそなえているのである。ただその発現の様態には、明らかに個人差がみられ、不完全燃焼にとどまる場合が多い。それはなぜであるか。

火の願行

木石の中に、せっかく火性がそなわっていても、刀錐で切り取らなければ、火の発しようがない（凡夫）。といって、刀錐で木石を打ちくだけば、元《もと》も子もなくなる（外道）。かりに巧みに火を取るにしても、火を後生大事にかかえこむだけなら、何のはたらきも生まれない（二乗）。このような火は、とうてい怨とは結びつき得ない。歴史の新局面を打開すべき火は、いかにして得られるか。大行大願の刀錐によって、一真法界の火神を取り、機縁に応じてはたらく大乗菩薩の火であってこそ、それが可能である。禅門の相承は、奇しくも伝燈と呼ばれるが、それは師の覚火が、熱焰となって弟子に伝えられるからに他ならない。

釈迦に始まり、歴代の祖師に伝授されたものは、この「猛烈な熱性」であり、達磨に至り、「火性はげしく燃え盛って中国に伝来し」、さらに南嶽・青原（いずれも六祖慧能の弟子）のもとで、「焰が分れ、熱性相炎《も》えて、五宗に分派した」とされる（全録、巻二一、五燈熱序）。

彼の尊火論は、もとより火の咒力《じゆりよく》を尊重し、そこに神秘的咒術を弄しようとするのではない。彼のめざしたものは、咒術でなくて心術であり、社会的動乱と真向から拮抗《きつこう》する熱力であった。

理と数

ただここに注意すべきは、彼はこのように、火と燃える禅心を歴史的現実にぶっつけて行くのであるが、単に心力のみに一切をゆだねないで、客観界の法則を尊重しようとしているることである。「常人はつねに、理は活きているが、数は死んでいるとする。だが、理は生きていても、私的な意見で勝手に用いれば、かえってよこしまになるし、数は死んでいても、その法則を生かせば、その天然の本質を悟ることができるのを、知らない」（全録、巻一〇）という。ここにいう理とは、主観的に認識された規範を、数とは、客観界を支配する一定の秩序法則を意味するようであるが、理のみに頼ることの危険性を指摘し、数によってその活動に、たしかな持続性をもたせようとしているのであろう。それは明らかに、一心さえ掌握すれば、客観界への応接は、その場その場の直観に頼ればよしという安易な一心万法論への、反省をふくむものなのである。道盛に「物則心矩《ぶっそくしんく》」（物の法則は心の規矩の意、別録下）とか、「格物の則は、天の則であり、心の則である」（別録上）の語があるのもゆえなしとしない。先にのべた彼の尊火論が、単に燃え盛る情性を象徴するにとどまらず、五行という自然界を構成する物質的要素に即して把握されていることも、思い合わされるべきであろう。こうした客観界の情勢尊重の態度が、その門人方以智《ほういち》（僧名は浮山愚者）に伝承され、深化拡大されたと考えられるのである。

道盛と方以智

一般に方以智の物理考察は、禅とは切離して、朱子学・医学・本草学・洋学などとの関連で取沙汰されることが多いのであるが、あの近代的な独自の物理観察論の主要な源流の一つを、道盛に求めるのは、決してこじつけではないであろう。以智の、『物理小識』『通雅』等、自然観察の細かさをもって知られる名著の形成に、道盛の火の哲学は、欠くことのできぬ先蹤となったのである。

歴史転換の原理

道盛は、激しい動乱期を生きぬき、面《おもて》をそむけるような惨事にも、しばしば遭遇したにもかかわらず、末法意識というものは、微塵も抱いていなかった。それどころか、歴史を循環させる人間の能力を確信し、士人にかわって時代をになう意識に燃え、儒仏の枠にとらわれぬ独自の法力によって、衆生救済の難事業を、完遂しようとした。当時流行した念仏法門・功過格・公案棒喝などは、全く彼の眼中になかった。彼が愛用した、「法住法位世間相常住」という語（法華経方便品に出づ）は、森羅万象がさまざまな差別相を呈しながらも、そこにそのまま実相が顕現しているというのが、伝統的な解釈のようであるが、道盛においては、世間相がいかに苛烈《かれつ》な地獄相を呈しておろうとも、これに火の鉄槌を加えれば、忽ち常住真如相に変じ得るという、歴史転換の原理として受容されていたように思われる。

第十一章　新仏教をになう群像（下）

智旭の万物一体観

道盛と同時代に活躍した豪僧に、蕅益智旭《ぐうやくちぎょく》がある。彼は、明末の諸高僧の中で、もっとも明確に陽明学に激発されたことを告白しているのであるが、その核心をなすものは、陽明心学によって高らかにうたい上げられた万物一体の思想である。智旭は、ある居士に示していう。

「聖賢はみな、同体の大悲を、学問のかなめとしている。儒教では、『万物はみな我れに備わる』（孟子）といい、仏教では、『心と仏と衆生の三者は、差別がない』（華厳経）という。だから、惻隠の心を推せば、四海を保《やす》んずることができるし、大悲の量をきわめれば、法界に行きわたる。それで、（易経には）『天地の大徳を生という』というのである。もし（仏教でいう）殺生戒をたもたなければ、どうして（論語にいう）『一日己れに克《か》てば、天下仁に帰す』ということが、いえようか。」（宗論、巻二之一）

彼がこのように、大悲同体を説くのは、眼前に、日ごとに高まる社会不安をひかえているからである。彼のいくつかの発願文に、共通してみられるのは、外敵が侵入し、凶年相つぎ、父母妻子を養うこともできず、家族はちりぢりに離散し、鬼哭啾々《きこくしゅうしゅう》たる民情への、いたたまれぬ同情である。

「哀《かな》しきかな、同体の痛み、惨《むご》たらしきかな、切膚《はだをさす》の悲しみ。道力の全《まった》からざるをうらみ、いたずらに悽愴《せいそう》をおもう。救わんとすれども策なきを思い、ただ肺肝を裂《さ》くのみ。」（宗論、巻一之四、礼千仏告文）

陽明学によって、よそおいを新たにした儒教も、たしかにこうした困難な時局への活眼を開いているが、弘法利生を悲願とする仏者は、さらに迫切に、衆生の苦悩に救済の手をさしのべるべきであろう。

「仏法の中で仏法を行《ぎょう》ずるのは、たやすい。しかし、世法の中で仏法を行ずるのは、むつかしい。また仏法によって世法をこわさないのは、もっともむつかしい。世法と仏法とは、同一の縁起なのだから。」（宗論、巻二之四）

智旭と陽明学

といって、智旭の仏学は、単に陽明学に追随するに終っているのではない。いま、両者の相違を知るために、『大学』にみえる「格物致知」の解釈を対比してみよう。陽明のそれは、「物」は、本心（良知）が起動する際に、そこにだきこまれてある事物（意、心、身、家、国、天下をふくむ）、「格」は、その場合、本心の不正を去って本体の正を全うすること、「致知」は、良知の本性を発揮することであって、要するに良知のひとりばたらきということになる。これに対し、智旭の解は、こうである。（宗論、巻四之三）

「知」とは、明徳の本体であり、中道第一義諦の妙心であって、空でもなく、仮《け》でもなくて、実は一切の相を離れ、一切の法に即するものである。

「致」とは、一心三観によって、一諦にして三諦なることに、了達することである。

「物」とは、この知体に迷って幻現する、身心家国天下である。

「格」とは、この身心家国天下が、みな幻影のようなもので、実我・実法でないと、推究することである。

ここに智旭が、空仮中の三諦とか、一心三観をもち出しているのは、天台学の術語によりかかっているからであるが、それはともかく、「知」を「明徳の本体」と規定するのは、やや陽明の良知説に似通っているとみられようが、「物」を、この知体に迷って幻現するものとし、「格」を、それらの物が実我・実法をもたないと推究する、というのは、かなり陽明説よりずれる。陽明においては、良知のすじがねで、がんじょうに貫き通すことが本質的なねらいであったが、それは裏をかえせば、朱子学的定理論の制約から良知を解放し、良知の理措定能力に全面的な信頼をおくことであった。従って、「知体に迷う」とは、陽明学流に解釈すれば、良知の理措定能力をわきまえず、良知をよろめかして、その主宰意識に動揺を来たすことである。然るに智旭は、知体に迷って幻顕する対象を、実我・実法ではないと推究するのが、「格物」だという。つまり智旭では、「知体に迷う」にあたって、朱子学以来、儒学内部で問題となった、客観界に即する理というものは問題とならないで、客観界をうつす鏡としての「中道第一義諦妙心」の虚妄化にもとづく、事物の実体化が問題となっているのである。そこでは、理を疎外したままに、諸八識の妄より真への転換が行われれば、一身清浄となり、やがて世界清浄となり、「家斉《ととの》い、国治まり、天下平かに」なるという。智旭よりみれば、あくまで理にこだわる陽明説は、なお対象への執着を残すもの、実我・実法の空化不徹底なものと受取られたであろう。果して彼は、若き日にあれだけ陽明心学のとりことなったにかかわらず、後年は、陽明の悟りを、なお狭量だとするに至るのである。

理学的側面の切除

智旭は、陽明心学のもつ、理学と心学との総合的構造に同調し得ないで、その理学的側面を切除し、心学的側面にだけ関心をいだいたわけである。「治国斉家は、百年の活計に過ぎない」（楞厳経玄義）という、高飛車《たかびしゃ》なことばも、そこから生まれて来るのである。智旭のねらいは、次の語に、はっきりと読みとれる。

「四凶（四人の悪者）は、堯舜のようなすぐれた聖王の御代《みよ》に生まれ合わせながら、みずからその生活に満足できなかったが、孔子・孟子は、春秋戦国の乱世に生まれ合わせても、その道義的楽しみをかえようとはしなかった。これでもって、得失というものは、すべて心のもちかたによるのであって、対境は全く関係がないと分るだろう。だのに、今日の人びとが、心を治めないで、対境に気がひかれるのは、見当ちがいではないか。」（宗論、巻四之三）

教界の自由人

だが智旭の心学への復帰は、決して禅への没入を意味するのではない。彼は、古の儒・禅・律・教と、今日の四者と、その八者にとらわれぬ教界の自由人たることを標榜して、みずから「八不道人」と名のった。「真に己が心霊に忠実なものは、近時の宗教の束縛から離脱してこそ、古来の宗教の堂奥に入れるのだ」（同上、巻二之五）というのが、彼の信念であり、特定教学の範疇にしばられるのを、拒否したのである。殊に禅宗が、各流派対立し、公案を型のごとくひねり、棒喝をもてあそび、古人をおろそかにして、戯論《けろん》を増長させているのを、まるで俳優のしぐさそっくりだと冷笑している（同上、巻二之一）。「門庭いよいよ高ければ、邪見ますます甚だし」（同上、巻二之三）ともいう。こうして智旭は、教禅の枠を越えた境地へと飛翔して行くが、それは決して孤高の境にふみとどまろうとするのではなく、仏学の固定概念や因襲的しきたりから解放されて、なまの眼で、現実の有為転変のすがたを凝視しようとするものであった。その智旭が、一応のたてまえとして、天台学の思考法に、大幅に依存したのは、なぜであろうか。

現前一念心

先にもふれたように、理学的視点をけずり去って、心学そのものに立帰った智旭には、閉塞した時代状況を打開する能力は、宰官士大夫になくて、出家大丈夫にあるという自負があった。他面、彼は、伝統的な仏教宗門は、いずれも低調化して、時代の先駆となる資格を失っていることを、熟知していた。この両面を見すえつつ、彼は人心の危機的状況を肌で受けとめ、それを「現前の一念」に、しぼり上げて行ったのであろう。しかもその一念は、禅や華厳で主張するような、きれいごとにとどまり得ないで、善悪ともにだきかかえた、天台的十界互具の一念であったわけである。天台にいう一念の特色は、性が善悪をそなえ、その相互角逐によって、心量が拡大し、心力が鍛えぬかれるところにある。特に智旭にとって関心のあるのは、この一念における善悪消長のすがたである。善悪を実体化しては、悪の滅しようがないが、余りに安易に善悪超出をとなえるのも、心の低調化を招くだけであろう。たとえ善悪に実性がないにしても、本性中に善悪を具えていないとはいえない。「もし性中に善悪を具えていなければ、いくら迷悟染浄等の縁にあっても、善悪を現ずることはできないではないか。」（同上、巻三之二）

悪への凝視

智旭のこうした善悪論は、終始、無善無悪を説く禅家よりみれば、いかにもねばっこい油をくっつけたような印象を受けるであろう。それほどまでに智旭が善悪の分別にこだわるのは、心による世局転換をはかればはかるほど、悪の前を素通りできないという意識があるからであろう。悪性と心学と時代観と、この三者の連関の上に、彼の宗教哲学は成立しているのである。そこで彼は、悪を止める具体的方法として、戒律の復興を志すのである。

戒律と念仏

戒は仏身である。戒の厳守は、智旭にとって、現前一念心を確実に保持するための手だてであった。しかるに、彼の門人成時の語るところによれば、智旭は晩年、「自分は従来、ひたすら比丘の戒法を復興しようと思ったが、近年は、ひたすら西方を求めるだけだ」と語り、浄土願生に重点をおいたという。もしこのことばに誤りがないとするなら、智旭は、その生涯かけた宗教活動の様式に、ある種の限界を意識し、来世への期待に熱意をいだいたもののようである。彼によれば、念仏とは、「縁生無性の一念をもって、無性縁生の仏名を念ずる」(同上、巻二之四)のだから、現前一念の哲学が、崩れ去ったわけではないであろう。しかし、教・禅・律・浄と、次第にその衣裳を重ねた一念は、それが分厚くなればなるほど、歴史的現実への感応力をにぶくして行く恐れはないであろうか。生民塗炭に苦しみ、病死するもの日に千をもってかぞえる現実と、戒行精進・念仏三昧とを、いかに結びつけるのか。理学的視点を捨てた智旭は、ここまで来て、陽明心学のすじがねを、ほとんど弱化してしまったのではあるまいか。

『西方合論』序

これに関連して想起されるのは、文人袁中郎《えんちゅうろう》の著した『西方合論』に、智旭が序文をよせていることである。もともとこの書は、禅者の行き過ぎを是正すべく、袾宏風の念仏論（後述）を借りて、浄土願生の必要性を勧奨したものである。智旭の序文の内容も、まさにそれと歩調を合わせる。明末の異人李卓吾から、人生や文学への眼を開かれた袁氏三兄弟は、やがて卓吾の横紙破りな思想や史観について行けなくなり、その転身の成果として作成されたのが、この書であった。そういういわくつきの書を通して、智旭は、袾宏への追慕の情をささげているのである。智旭は、袾宏をたたえていう。

「雲棲（袾）宏大師は、力をきわめて、浄土願生を強調し、戒をたたえ、教をたたえ、禅をたたえ、きびしく口さきの三昧をしりぞけている。まことに救世の菩薩である。」（同上、巻五之三）

こうした意味の念仏思想の普及に、大きな感化力をもったのは、智旭よりもやや先立つ、雲棲袾宏であった。

袾宏の宗風

袾宏は、万暦三高僧の一人とされるが、達観・徳清・道盛らが、ともに積極的な社会活動に挺身し、或いは獄中に死し、或いは南方に流されるなど、苦艱《くかん》の生涯を送らねばならなかったに対し、袾宏は、その生涯の大半を、杭州の僻村、五雲山下の精舎で送り、近郊に講説教化に出かける以外には、厳重な戒律と念仏の生活にあけくれた。文人王世貞は、達観と袾宏とを比較して、「達観と袾宏とは、ともに法門の龍象ではあるが、達観の方が、より灑脱である。けれども煩悩がまだ残っているから、悟りきっているとはいえない」(弇州山人続稿、巻一九九)と、達観への不満をあらわに示しているが、同じく文人銭謙益《せんけんえき》は、「雲棲の法義のたてまえは、おだやかではあるが、その教風がやや弱い」との評があることを、指摘している(牧斎初学集、巻八二)。その弱さは、どこから生じたのであろうか。

儒教と仏教

袾宏は、儒教と仏教とは、べつべつにする必要もないが、強いて合わせる必要もないとし、その理由として、儒教は治世を主とするが、仏教は出世を主とするからだという。治世のためには、『大学』にいう、「格物致知誠意正心修身斉家治国平天下」で事足りるし、それ以上高遠になると、儒教のお手のものである綱常倫理が成立しなくなる。これに対し、仏教は、高遠をきわめてこそ、解脱できるのであって、家国天下については、ややおろそかになるのをまぬがれない。それは自然の成行きであって、怪しむに足りない。もしあくまで儒教は即ち仏教だと言いはるなら、六経や論語・孟子がちゃんとあるのだから、今さ

料金受取人払郵便

京都中央局
承　認

6633

差出有効期間
2026 年 1 月
31 日まで

(切手をはらずに
お出し下さい)

郵便はがき

6 0 0 8 7 9 0

1 1 0

京都市下京区
正面通烏丸東入

法藏館 営業部 行

愛読者カード

本書をお買い上げいただきまして、まことにありがとうございました。
このハガキを、小社へのご意見またはご注文にご利用下さい。

お買上 **書名**

＊本書に関するご感想、ご意見をお聞かせ下さい。

＊出版してほしいテーマ・執筆者名をお聞かせ下さい。

お買上 **書店名**	区市町	**書店**

◆新刊情報はホームページで　http://www.hozokan.co.jp
◆ご注文、ご意見については　info@hozokan.co.jp

24. 01. 50000

ご氏名《ふりがな》 年齢　　歳　男・女	
〒□□□-□□□□ ご住所	電話
ご職業（ご宗派）	所属学会等
ご購読の新聞・雑誌名（ＰＲ誌を含む）	

ご希望の方に「法藏館・図書目録」をお送りいたします。
送付をご希望の方は右の□の中に✓をご記入下さい。　□

注 文 書

月　　日

書　　名	定　価	部　数
	円	部
	円	部
	円	部
	円	部
	円	部

配本は、○印を付けた方法にして下さい。

イ. **下記書店へ配本して下さい。**
（直接書店にお渡し下さい）

（書店・取次帖合印）

書店様へ＝書店帖合印を捺印の上ご投函下さい。

ロ. **直接送本して下さい。**
代金（書籍代＋送料・手数料）は、お届けの際に現金と引換えにお支払下さい。送料・手数料は、書籍代計16,500円未満880円、16,500円以上無料です（いずれも税込）。

＊お急ぎのご注文には電話、ＦＡＸもご利用ください。
電話 075-343-0458
FAX 075-371-0458

（個人情報は『個人情報保護法』に基づいてお取扱い致します。）

ら、釈迦の誕生や達磨の西来を待つ必要はないわけだ。またあくまで仏教は即ち儒教だと言いはるなら、どうして楞厳経や法華経で天下を治めないで、必ず堯舜孔孟の力を借りるのか。

以上が、袾宏の儒仏役割分担論である（竹窓随筆、二筆、儒仏配合）。

儒仏分業論の限界

儒教が余りに高遠であると、綱常倫理が成立しないし、仏教は高遠だから、家国天下をおろそかにするのもやむなしという、この二重構造論は、儒仏の役割をきっぱりと分けながら、しかも仏教の優越性を託したものであろうが、実はすでに歴史的現実から、一歩身を引いたところに、その拠点を定めているのである。達観や徳清・道盛とても、仏教の方が儒教よりも、より優越した思想をもっていると、考えてはいた。しかし彼らは、儒教（具体的には官僚士大夫）のなすべき社会的な業績を、仏教がそっくり肩がわりすべきであるとし、それだけ仏教が実社会の中に足をふみ入れることを覚悟していた。しかるに袾宏の儒仏分業論は、儒教の光のとどかぬ部分を、出世間的な仏教の分担領域とし、その超歴史的な（これが無歴史的になりやすいのだが）世界で、衆生救済の悲願を達成しようとするのである。

「富貴の人は、衣食足りているのだから、念仏するのにもってこいである。貧乏な人も、貧に安んじ分を守れば、念仏するのにもってこいである」(山房雑録、巻二)という彼のことばは、貧窮を解決するための社会的姿勢を、最初から放棄しているようにみえる。

僧侶の本分

杭州の役所が、破戒僧の摘発に乗出し、袾宏一門にも、仏制を履行するよう求めた時、袾宏は、仏徒と法規との関係については、『遺教経』にほどこした、彼の註にのべていると釈明しているが(雲棲遺稿、巻中)、その経には、「身をつつしみ、食は足るを知り、清廉に日を送れ。世事にかかわり、賤しいことをしてはいけない」とあり、袾宏が手本とした晋水《しんすい》浄源の註には、「出家は、無為無欲にして、孤高を守れ。もし賤しいことをするなら、志はくじけ、身ははずかしめを受け、僧侶の本分をみだすことになる」とあるのである。袾宏の意識する聖域は、できるだけ御政道に口出しせず、ひたすら安穏を願い、もしも御政道でどうにもならぬ問題が生じるなら、それこそ、出世間法の名において和《やわ》らげていこうとするわけであり、僧侶はそれ以上につま先を上げてはならないのである。

朱子学への接近

袾宏には、実社会の根底に探りを入れ、そこにうごめくだにのような存在を、たたきのめして行こうとする気魄はなかった。だから、王陽明の心学運動を、正当に評価することができず、その戦陣の功は殺伐に過ぎるとし、良知説は、愛親敬長の妄念にまとわれているから、仏教の真知には及ばぬとし（竹窓随筆、良知）、「書を読むには、新を求め勝を求めようとせず、文にしたがい理にしたがうべきだ。だから十中の九分は、朱子の註によればよい」（雲棲遺稿、巻中）と、陽明よりも朱子説に取るべき点が多いとしている。ただしそれは、彼が、朱子学的な理学に接近したというよりも、国教としての朱子学の権威を是認したのであろう。ここに彼の信仰の、おだやかさと弱さが顔をのぞけているのである。

王龍溪への忠告

袾宏が、陽明の高弟王龍溪に贈った詩の中に、「陽明洞の水は今まさに涸《か》る、蒼生に霖《りん》雨《う》して恩に負《そむ》くなかれ」（陽明先生の教えも近頃はさっぱりです。あなたはその教えを世に広めて、師恩にむくいなくてはいけません）とあるが、当時、陽明学は、滔々《とうとう》として天下に溢流しつつあったはずであり、それを「涸れる」と表現するのは、陽明学の過激化、すなわち朱子学との距離拡大が、ゆくゆく社会混乱の源泉となると、予測したからであろう。袾宏のこうした停滞的世界観を、より鮮明に示すのが、功過格の顕彰である。

自知録の教え

袾宏の著『自知録』は、その序文に記しているように、元来、道教で尊重された『太微仙君功過格』を模して、善門（功門）と過門を分ち、善門には、忠孝類・仁慈類・三宝功徳類・雑善類の四類をたて、過門には、逆に不忠孝類以下の四類をたてて、毎夜、本書に示された善行と悪行の点数（功過の点数）を計算し、できるだけ善根を積み重ねていくというのである。これを『自知録』と名づけたのは、それができるだけ自覚的・自律的に行われることを期待したからであるが、功過を判定する基準となるものは、既成の道徳律や戒律であって、日々の功罪点検をどんなにきびしくしても、そこから新しい道徳理念や戒律思想が生まれて来るべき性格のものではない。いな、それを熱心にやればやるほど、人は一定の準縄規格の中にはまりこんで行くだけである。だから陽明学流の学者周海門は、こうした考え方を批判して、「（功過表に）記されていることは有限であって、記されていないことは宇宙に充満している」と皮肉り、「その成果を外に求めないで、心に求めよ」「そうすれば、（富貴寿福が）得られれば、もちろんわが物だし、得られなくてもわが物だから、富貴寿福の中に、いない日とてはない」と、一定の格律にとらわれる意識を、骨ぬきにしてしまったのである（東越証学録、巻九）。

心のいたずらな膨張を自粛して、いささかのごまかしも許さぬ自己省察に沈潜するのが、袾宏の立場だとするなら、個別的な善悪勘定に引きずり廻されないで、善悪の彼岸に自己定立をはかるのが、陽明心学（特に左派のそれ）の立場なのである。袾宏が、陽明よりも朱子学の定理感覚に親しみを覚えたのは、さもあるべきことであった。

周海門の質疑

周海門は、王龍溪の無善無悪説を忠実に受けついだ人であるが、仏教の「諸悪莫作、衆善奉行」（もろもろの悪は、なすなかれ。もろもろの善は、奉行せよ）を論題としてとり上げ、「善悪を行う主体が会得できれば、善悪の区別はなくなるはずだ。ちょうど、月影が川にうつる時、清濁の区別がないようなものだ。悪をなさず、善を行うとするのは、（まだ善悪への執着が残っているから）正しくもあるし、まちがいでもある」と、袾宏につめよるが、これに対し袾宏は、次のように答える。

「月がいくら清らかでも、それをうつす水に清濁のちがいがあると、月影に明るいと昏《くら》いとの区別が生じるように、心が本来昭霊であっても、物事に善悪のちがいがあると、やり方に上下の区別が生じる。『月の本体には、本来清濁の区別がないから、濁水もき

れいだ。心体には、本来善悪の区別がないから、悪事をしてもかまわない』といって、よいもんだろうか。」（雲棲遺稿、巻三）

この問答を通しても、袾宏と陽明心学とのへだたりを、察知できるであろう。

穏和な宗教感覚

悪人が、生前たくみに法網をくぐりぬけても、死後に地獄におちるかもわからぬとなると、悪を改めて、善を修める。これは、仏教が裏がわから、王法の行きとどかぬ点を助けているわけだ。また清規《しんぎ》を守らない僧が、刑罰をおそれて、気ままをしない。これは、儒教が表がわから、仏法の行きとどかぬ点を助けているわけだ（竹窓随筆、二筆、儒仏交非）。このように仏教と儒教との助け合いを見出す袾宏の宗教感覚は、まさに明太祖のそれを想起させるであろう。袾宏には、価値観が激しくゆれ動きつつあるこの時代に、善とは何か、悪とは何かと、根底から問い直してみようとする反省は、ほとんどなかったのである。だから彼の宗風は、達観や徳清と異なり、穏健従順であり得たのである。たけりたつ心を鎮め、無秩序へと急ぐ足なみに、一定の歯どめをかけ、諦念の美にひたるには、打ってつけの教学であった。ここに彼が多くの信徒を集め得た秘訣がある。

澄明な世相批判

しかし想念の浄化と禅戒の実践に精進した彼の生涯は、当時の仏教界でもたぐい希なものがあり、殊に五雲山中に安坐しながら、澄明な眼で見通した世相批判は、凡僧をはるかにぬきんでる見識を示しており、官僚士大夫を引きつけるに十分であったのである。先に引用した周海門のごときも、時としては、「わたしは、袾宏に会い、数語の教えを受けただけで、しん底《そこ》から分りました。それは筆にも書きようがありません」（東越証学録、巻一〇）と、のべているのである。

浄土信仰の宣布

さて、袾宏の出世間主義は、さらに一歩を進める。袾宏は、人が現世に存するかぎり、現世における制度や典範の制約をこうむらざるを得ず、それにことさらに背反するのは、かえってわれひとを傷つけ、現世の秩序をみだすものと考えていたようである。外に向って、その制約を打破する方法を講じないとなれば、内に向って、そうした制約のともなわぬ自由の世界を想念せずには、いられなくなるのではないか。その自由の世界こそ、阿弥陀仏の極楽国に他ならない。「我れ観ずるに、大師（袾宏）はすなわち弥陀の化身なり」（夢遊集、巻七、示雲棲侍者）「雲棲は浄土の宗子なり」（銭謙益、牧斎初学集、巻八六）といわれるように、『阿弥陀経』は、袾宏思想の中心にすえられる。袾宏の浄土思想は、中国仏教史に根強い伝統をもつ、「自性弥陀・唯心浄土」を基盤とする。だから願生とは、「自性が本体にかえる」ことだと定義される（阿弥陀経疏鈔、巻三）。

「もし本体が、その場を離れては存在しないと分れば、彼《か》の国に生じるのではなくて、此の国に生じるに他ならない。（経文に）十万億土とのべられてはいるものの、一歩もこの場を動くわけではない。だから、なんの造作もなく、西方浄土に到る、というのである。」（同上）

禅と浄土

そこで、経文の「今現在説法」を釈しては、「実のところ、弥陀の現在は、釈迦の現在なのである」（同上、巻二）といい、また「弥陀は全体一心なのである」（同上、巻二）「西方は目前にある」（同上）などという。このように、願生浄土の彼岸的性格がうすめられて、現在一念にしぼり上げられて来る時、それはほとんど禅の即今成仏とかわらぬものとなるのではないか。果して袾宏は、「執持名号、一心不乱」の経文の一心を、「達磨直指の禅」（同上、巻三）といったり、「此の経は、すべて自性をあらわす」（同上、巻一）ともいう。このかぎりにおいて、袾宏は、禅浄一致説をとるといってよい。しかし、真に禅に徹するならば、強いて念仏を兼ねる必要はないのではないか。げんに袾宏の尊敬する先達天《てん》如惟《にょい》則《そく》（元代の僧、浄土或問の著あり）のごときは、明らかに禅は上根のもの、念仏は下根のものと区別し、その兼帯を許さなかったではないか。これについて袾宏は、次のように弁解する。

「兼帯を許さないというのは、念仏する者が、念仏は参禅と異なると疑って、念仏のほかに禅を求め、また参禅する者が、参禅は念仏と異なると疑って、禅のほかに念仏を求め、こうして心が二つに分れて、修行が専一でなくなるからである。今、念仏する者が、念仏について精進し、べつに作為を加えなければ、拳《こぶし》と手、波と水のように一体で、兼と名づける要はないのである。」（阿弥陀経疏鈔問弁）

つまり、念仏と禅とは、本来一味のものだから、かくべつ兼ねるとか兼ねないとかと問題にする必要はない、というのであろう。だがこの説明は、念仏と参禅との兼帯可能性は示しても、参禅者が念仏しなければならぬ理由を示しているとは、みなしがたい。袾宏のいうように、歴代の禅僧の中には、たしかに念仏をすすめた人があるにしても、それが禅の必須要件とは、みなされていないからである。ここで思い合わされるのは、袾宏が、西方往生を願わないものに、三種のタイプがあるとしていることである（竹窓随筆、三筆、不願西方)。

三つのタイプ

その一は、官能の満足のために極楽国にあこがれて、真の成仏を願わないものである。その二は、浄土は西方と限定すべきではないとするものである(随生の立場)。その三は、無生をよしとするものである。一は論外として、随生を説くものが、「真に能く主となって、業《ごう》に引かれない」であろうか。無生をほこるものが、「真に無生法忍《むしょうぼうにん》を得て、常に寂光土に住している」であろうか。もしそうでなければ、彼らの主張は、戯論《けろん》に過ぎぬ、と袾宏はいう。さらに彼が、「禅に執著して浄土をそしるのは、みずからの本心をそしることであり、仏をそしることであり、みずからの禅をそしることである」(阿弥陀経疏鈔、巻一)という時、彼の素意が、念仏による、禅の行き過ぎと傲慢を抑止するにあることは、明らかであろう。

禅を抑止する浄土は、禅を捨てて独立した道を歩もうとするのではなく、禅をその中に取りこみながら、みずからの足がためをする道をめざすものである。禅がひとり歩きする時、禅そのものが自滅するだけである。その危険をさけるには、ぜひ浄土願生と合体せよ。袾宏は、こう呼びかけているのである。それでこそ、上中下根すべての救われる道が開けるからである。

念仏と公案

先にもふれたように、従来、禅の流れでは、とかく参禅は上根の行うもの、念仏は下根の行うものという意識が、支配していた。これにはもちろん、参禅は自己の力だけに頼るもの、念仏は弥陀という他者への依頼心を残すものという、認識が背後にある。見性を主とする禅よりみれば、名号を執持《しゅうじ》するなどということは、まだ絶対自主性が確立していない証拠だということになるのであろう。しかし袾宏は、公案により疑情を打破するのと、念仏を体究するのと、実質的には何らの相違もないとする。まして浄土法門は、僧俗利鈍をことごとく摂取するとなれば、参禅者が、みずからの機根の高さを鼻にかけて、念仏を軽視するのは、みずからに唾《つばき》するものであろう。鈍根の者の弊は、事相に執着するにある。利根の者の弊は、空無に落ちるにある。事相に執着するものが、もし専心に名号を保持するなら、たとえ理に明らかでなくても、仏地に足を下すことができる。しかるに空無にふける者は、自心が開悟してもいないくせに、浄土を軽蔑する。その害は、いうにたえないものがある。そこで袾宏は、問答を設けていう。

「問い。どうして、鈍根の者をとがめないで、利根の者を抑えるのですか。答え。利根の者は、才能を鼻にかけてお高くとまり、鈍根の者よりすぐれているというくせがある。今、私が浄土の必要性を説くのは、虎をえがいてうまくいかないと、かえって狗《いぬ》にもならぬことを反省させ、彼らが、そのまちがいに気づいて、念仏に廻心するよう期待しているのである。」（同上）

これにより、袾宏の念仏勧奨の意図は、明らかとなった。とすれば、実践論においても、円頓の方法だけを修めて、往生を願わないものは、「善根がうすいからだ」ということになる（同上、巻三）。この思想は、明末に流行した頓悟漸修論の一翼をになうこととなるわけであるが、これについては、別章でふれることとする。

官途の菩薩

要するに袾宏は、儒教よりも仏教の方が、形而上的に深いものを蔵しているというものの、それは決して儒教の根源的改革を求めようとするのではなく、むしろ儒教に支えられている現実の社会体制の混濁を、念仏願生によって、浄化鎮静しようとするのである。その混濁の根因は、社会体制のひずみにあるよりも、むしろ衆生の心のゆがみにある。目にあまる官僚の横暴に憤慨した達観や智旭は、科挙制度無用論をとなえたが、袾宏はせいぜい、仁愛心をもって「官途の菩薩」となるよう、すすめるにとどまった。「心すべきこと

は、道理にまかせ、因縁にしたがい、無心に順応するだけだ。」（雲棲遺稿、巻上）

後世への影響

とはいえ、その広汎な教学と、きびしい戒律生活と、真摯な念仏願生とは、渾然一体となって、当代まれにみる菩薩像を形成したのであった。つまりそこには、袾宏の存在をきわだたせるほどの、教界の堕落と混迷があったのであり、その草庵が、やがて明末最大の念仏結社に成長して行ったのも、いわれないことではない。覚浪道盛が、雲棲塔下の説法で、「世間には、戒律を説き、教学をあきらかにし、浄土願生をめざす者は、たくさんあるが、申し分なく悟った上での教化だと、きめてかかるわけにはいかない」（全録、巻八）と前置きして、袾宏の戒・教・浄こそほんものだというのは、故人追憶の情にかまけてのことではあるが、万人公認の事実であったのである。それだけに、その宗風の後世への影響は大きかった。清末の著名な仏教居士楊仁山《ようじんさん》も、始め、浄土を軽んじて性理（儒教）をたっとんでいたが、袾宏の『阿弥陀経疏鈔』を読んで、始めて浄土の深妙なことに気づき、従来の偏見が、すっかり消滅した、と告白しているのである（等不等観雑録、巻五）。

第十二章　明末仏教の性格

複合化の傾向

以上、明末における主だった僧侶数名について、その思想を、儒教観に焦点をおきつつ、概観して来たのであるが、そこに共通してみられるのは、唐宋代に盛えた純禅の挙揚はほとんどみられず、むしろ複合的に仏教諸流派を受けいれ、それを自分なりに体得し、教化の手段としていることである。たとえば達観は、『八大人覚経』にみえる毘舎浮《びしゃふ》仏偈《ぶつげ》をとなえるよう信者にすすめ、時としては浄土願生も認め、時としては三教双修すらもいといはしない。しかも性《しょう》宗と相《そう》宗と禅宗の一致を説くに至っては、大きく禅の枠からはみ出しているとみられても、やむを得ない。

この点については、徳清とても同様であって、「仏祖の修行のかなめは、禅と浄土の二門があって、それを万行で荘厳するのが、正しい修行の方法である」（夢遊集、巻一〇）といい、初め参禅してまだ悟らない時は、念仏でなければ、自心のきよめようがない、ともいう（同上、巻九）。ただし徳清は、袾宏に比べると、浄穢不二・己心浄土の色合《いろあい》が強く、その上にたって、念仏公案をすすめる（同上、巻五）。特に徳清は、達観よりもはるかに深く文字海裏に入り、いくたの経典に教学的な註釈をほどこしている。その教学の幅は、儒書や老荘にまで及び、従来の諸註を圧倒する意気ごみで、これらの外典を、仏学内に引きずりこもうとしたのである。たとえば彼は、『大学』の「格物致知」を解して、「寂然不動の真知をもって、本来無物の幻物に達する」こととしているのであるが（同上、巻四四、大学綱目決疑）、これは朱子学的格物論が全く無視されているのはもちろん、「物」を幻物と規定する点で、陽明学ともずれて来る。

学問の三要

徳清も三教通貫を説くが、「孔子は人乗の聖、老子は天乗の聖、仏は超聖凡の聖」（老子註、論教乗）といわれるように、あくまで仏教こそが最上乗であらねばならなかったのである。それではなぜ、仏教だけで事足りるとしないのか。彼によれば、学問には三要があるという。三要とは、『春秋』と『老荘』と参禅であって、春秋を知らなければ、世間をわたれないし、老荘をきわめなければ、世間を忘れられないし、参禅しなければ、世間を超出できない、という（同上、巻三九、学要）。

『周易禅解』

智旭が、八不道人と号して、教学の枠からの脱出を宣言したことは、前にのべたが、そこから彼は、教律禅儒の総合をこころみ、徳清と同様、いくたの経典や外典に註釈をほどこしている。禅と浄土はおろか、南北両禅の調和、朱王の一致、天台学への新解釈など、教学の諸分野を自由に往来し、ついに、「仏法の盛衰は、儒学の隆替《りゅうたい》による。儒教の徳業学問は、実に仏教の命脈骨髄である」（宗論、巻二之四）とまでいいきった。彼の『周易禅解』は、「易《えき》は吾人の不思議な心体である」（同書、巻八）と、全く仏教唯心論の立場から解釈し、世間の万物は、真常仏性によって建立されたものであって、それを体得するための実践論となると、性徳《しょうとく》をたのんで修徳《しゅとく》を忘るべからずとし（巻二）、例の天台風の互具互造論や六即論を持出している。こうなれば、易経を利用して、仏説を展開したに過ぎぬ、という批判も生じ得るであろうが、こうしたたぐいの著述の出現を期待する風潮があったことを、看過してはなるまい。

純禅からの批判

以上のような明末仏教界の動向は、気の向くまま、手のふれるままに、古典籍をいじくり廻し、あげくのはてには、異流他教にまで恣意的な接近をこころみ、謹直な仏者にもあるまじき、あられもない姿をさらけ出したものともみえるであろう。特にいわゆる純禅を標榜する立場からみれば、全く取るに値しない不純禅・歪曲禅ということになるであろう。わが国の白隠は、袾宏をそしって、「小智にほこり、小見をたのみて、真正の宗師に参ぜず。……名は禅門に在りて、内にはもつぱら称名念仏して、浄刹の往生を願ふ」(おにあざみ)といい、智旭は、日本の天台学者から、「敗祖背宗の人」(続山家学則)と攻撃されている。

明末仏教の課題

しかしこうした見方は、明末仏教の復興が、何を背景とし、何を意図してなされたかを、全く見落しているのである。本書冒頭にものべたように、明末仏教界の課題は、単に一宗一派の興隆とか、仏教そのものの区画整理にあったのではない。何よりも、陽明学によってきっておとされた、新しい人間像の確立と、社会思潮の変動過程の中において、仏教と社会との関係はいかにあるべきか、恐ろしく多様化し複層化した時人の精神的要求にいかに対応すべきか、儒教の世界において、伝統的教学の権威が崩潰したと同様、仏教の世界においても、その伝承遺産の形骸化現象が進行する中において、仏教の立直り地点をどこに求めるかが、第一の課題であったのである。一般にこの時代は、歴史学者によって、資本主義の萌芽期とよばれているが、そうした社会変動の激しい波の中で、士人層も庶民層も、未曾有の苦悩を味わねばならなかった。その不安解消の方法として求められる仏教が、その伝承遺産の一切を投入して対応しようとしたのは当然であり、異流他教にまで口出しして、そのあるべき理解様式を示したのも、さけられぬ趨勢であった。しゃべり過ぎ、出しゃばり過ぎは、覚悟の前のこと、あの怒濤のように天下に流行しつつある陽明学に対抗して、これをもしのぐ仏法の生きざまを示すためには、禅としての純不純、教学としての整合不整合など問題ではなかったのである。

作用禅の盛行

そこでは、宗風が過激であるか穏健であるかを問わず、その時代における仏教信仰のあり方について、見識ある指示を与え得る能力をもつべきを要請された。徳清は、宋から元にわたる禅宗を、有体無用（本体はあっても作用がない）とよんだが（夢遊集、巻五）、黄宗《こうそう》義《ぎ》は、もっと率直に如来禅と祖師禅を区別し、如来禅が、体をかたり、空を談ずる、槁木《こうぼく》死《し》灰禅《かいぜん》であるに対し、祖師禅は、用をかたり、実事を論ずる、縦横権術禅だと規定し、宋儒が相手にしたのは、如来禅に過ぎなかったが、明末にはまさに祖師禅が流行したという（南雷文案、三集、与友人論学書）。如来禅と祖師禅についての性格規定は、古来必ずしも定説があるわけではないが、黄宗羲をして、このように発言させる風潮が、明末仏教界をゆり動かしていたことは、まちがいあるまい。

儒仏合体の行くえ

もちろんそこには、「儒典を借りて仏典を解釈し、仏典を引いて儒典を説明する」ことへの反省もありはした（元賢、禅余外集、巻三）。しかし明末の人間解放運動の波にのって、ひとたび急流に舟を託した仏教心学は、とどめるすべを知らず疾走し、みずからの力量を限りなく増幅させて行ったのである。その極点を示す一つの道標を示しておこう。今釈澹《こんしやくたん》帰《き》は、中庸と阿弥陀仏とを結びつけて、次のようにいう。

「（中庸の著者）子思《しし》は、すでに阿弥陀仏のことをのべているのだ。なぜなら、中庸（二十一章）には、『至誠にして息《や》むなし』とあるではないか。『至誠にして息むなし』とは、阿弥陀仏の理であり、阿弥陀仏は、『至誠にして息むなき』の人である。『至誠』は、『息むなき』の全体、『息むなき』は、『至誠』の全用である。（また）『息むなき』は、『至誠』の全用の体、『至誠』は、『息むなき』の全体の用である。（さらに）『息むなき』は、『至誠』の寿、『至誠』は、『息むなき』の寿である。これが子思の説く阿弥陀仏である。」（徧行堂集、巻一、至誠無息説）

体用のことは、先にふれたが、ここに「寿」の字が登場するのは、阿弥陀仏、すなわち無量寿仏にかかわることだからであろう。ここでは、中庸の本旨と阿弥陀仏とが、相互に裏となり表となり合って、一味に掌握されていることは明らかである。こうした境地に、どこまでが儒、どこまでが仏という間《ま》仕切りをすることが可能であろうか。明末仏教は、総合的な思想運動の一翼をになうものとして、理解されねばならぬ、というゆえんである。

すでに教理面において、これだけの変動があったとするなら、それが実践面に投影しないというはずはないであろう。かつて唐宋における禅興隆期には、頓悟頓修が、その正統な修行法とされた。しかるに明末には、むしろ頓悟漸修が、しきりに強調される。それはどのような理由によるのであろうか。

第十三章　頓悟漸修の実践論

頓悟漸修の意味

頓悟漸修ということばが、ゆるぎない思想的根拠をもって、教界に姿をあらわしたのは、唐代の華厳学者宗密の、『円覚経』の註釈を通してである。もっとも宗密が、頓悟漸修の経証として、『楞厳経』の「理はすなわち頓悟し、悟りに乗じて（妄念をば）併《あわ》せ消す。事《じ》は頓《とみ》に除くにあらず、次第に因って尽す」という語を引用しているように、円覚経と楞厳経とは、それぞれ独自の内容をもちながらも、この点については、表裏一体となって弘通する側面をもち得た。頓悟漸修論は、先ず頓悟（本来的基地への直接的参入）を打出すことにより、単なる漸修（個別的な修行の成果を漸次積み上げて行く）を基地をもたない根なし草としてしりぞけるとともに、頓悟に漸修を加えることにより、単なる頓悟による不遜な自己満足をおさえる。頓悟によって一挙に問題が解決するのではなく、多年にわたり身に染《し》みついた煩悩のかげりを払拭するためには、さらに細かな漸次的修錬が必要だというのである。頓悟自体は、禅の所産であるが、漸修の内容いかんでは、教相仏教との通路を開くことも可能であり、げんに宗密のごときは、教禅一致論をとなえて、教界に紛議の種をまき、禅の主流派から閉出される結果になった。

頓悟と機根

一体、悟道体験が、頓悟に尽きるか、漸修の加味を必要とするかは、それぞれの機根の欲求する悟りの性格いかんにかかわることで、必ずしもそこに優劣を定めがたいであろうが、当初から漸修にゆだねるべき習気や煩悩の存在を予想すること自体が、頓悟の渾一性・自己充足性・緊張性を低下させる恐れありとする立場から、漸修を加味するのを忌避する頓悟頓修主義が成立し、禅門の主流となったのである。わが国の道元は、宗密をそしって、「未だ外道の坑《あな》を出でず」（永平広録、巻六）といったが、これが純禅の立場よりする一般的な批判であろう。

宗密思想復興の兆

しかし元代の宗教政策により、従順に飼いならされて行った禅は、次第にその頓悟の高踏性・険絶性をほこるのをやわらげ、明初の楚《そ》石梵琦《せきぼんき》のごときは、「宗密は、真に悟った人であって、彼の著した禅源集は、禅と教との両者を和合している」(語録、巻九)と、たたえるに至っているのである。だが少なくとも、明代前半期において、頓悟漸修論が流行したあとはみられない。頓漸論争がやかましくなるのは、やはり陽明出現以後である。それは、どういう理由にもとづくか。

良知をめぐる頓・漸

先にのべたように、心学としての陽明学は、良知(本心)の体得に、存在の全分を賭け、そのたるみとひずみに、かくべつの警戒をおこたらなかった。朱子学のように、一理一物の理を追求しないで、心の具有する天理の発揮を第一義とする良知説は、いきおい禅的な頓悟に近似せざるを得なくなるが、「(客観界の)細かな曲折変化を、すっかり見通している」(伝習録、巻下)といわれるように、その中に、現実界の波瀾起伏をふくむものであった。ただ陽明一代においては、良知体得についての頓漸論争は、さして表面化しなかった。だが、あたかも禅門内部において、頓悟主義と頓悟漸修主義、あるいは南頓と北漸が対立したように、良知の自律性・自己充足性を極度に重視する立場と、良知の一悟に、さらに漸進的な調節を必要とする立場との対立が、発生せずにはおかなかったのである。

龍溪の良知現成論

良知を頓悟として徹底させて行ったのは、王龍溪であって、彼は良知現成論（良知が現在即今に成就しているという考え方）をとなえ、良知の即今当下における体認に全力を注ぐ以外に、修錬の道はないとした。一念一念のひとりばたらきのところにおいて、過を改め、徹底的に超脱すれば、良知の真体は、おのずから輝き出る。完全円満な良知は、本来の具徳であるから、瞬時もそこから足をふみはずすべきではなく、その円満性を直下に体得しつづけていけばよいわけである。そこに修錬の痕跡が残るのは、良知が十分に体得されていない証拠であって、最上の境地は、「翼なくして飛び、足なくして至る」体《てい》のものでなければならない。以上が、龍溪の主張である。

陽明の頓漸論

『伝習録』巻下には、陽明が最後の出陣にあたり、天泉橋において、銭緒山《せんちょざん》・王龍溪の二高弟の質疑に答えた、有名な場面をのせるが、これに相当する記述が、「天泉証道紀」と題し、文脈を龍溪風にアレンジして、『王龍溪集』に掲載されている。ここで陽明は、穏健な緒山説を中下根向きのもの、高踏的な龍溪説を上根向きのものとして、両者に花をもたせているのであるが、結論として、「もしわれわれの凡夫心がまだのこっているなら、いくら悟りを得たにしても、まだ随時、漸修の工夫を用いねばならぬ。そうしなければ、凡夫を超えて聖人に至ることはできぬ」と示したという（伝習録には漸修という用語はみえない）。これによれば、龍溪とても、陽明に、条件つきではあるが、漸修を必要とする発言があったことを、認めたことになる。そしてこの条件が、実は重大な問題をはらんでいるのである。

良知における漸修的意識

始めから自己を下根ときめてかかるのは、志操の萎縮につながる。逆に、始めから自己を上根ときめてかかるのは、傲慢不遜の種となる。みずからが、どの程度の機根であるかを判定するのは、むつかしい。しかし機根の位取りをどこにとるにせよ、良知体上の一進一退であるに変りはない。その場合、良知の頓悟に加うるに、漸修が必要であるという意識は、どこから生じるか。それは良知の外から起るべきはずがない。良知そのものの内省からでなければならない。どういう反省であるか。自己の本具する良知が、鋭敏にはたらけばはたらくほど、内部要因としてかかえている欲根妄執のしつこさである。良知は、外に向って自己の実現を念願するとともに、内に向ってはきびしい自律性の保持を要請されるものである。その自律性が、みずからの本性回復のむつかしさにつきあたる時、漸修的意識が芽生えて来るのである。

漸修的意識と朱子学

漸修的意識は、それが良知そのものの空《から》いばりを鎮静しようとする意図をもつかぎり、決して良知説の基盤をゆるがすことにはならないであろう。しかし良知の独走に歯どめをかけようとするのは、往々にして、良知の生みなす価値判断や世界観が、余りにも現実との摩擦をともない、時としては社会不安激化の火種ともなりかねないという危惧をはらんでいるのではないか。とすると、良知の絶対自由性に、何らかの制約を付し、そのはね上りをおさえることとならざるを得ない。つまり良知は、その自己反省の資料として、従来伝承されて来た価値観や人間観を、重要な参考基準として、漸進的にきめ細かく検討するという方向をたどらざるを得なくなる。ということは、絶対自由性を表看板とした良知が、伝統的社会的規矩によって、その妙用に、ある種の制約をこうむることを意味する。その伝統的社会的規矩を左右して来たものは、何であるか。それは主として朱子学である。

陽明学と朱子学の共調

以上のように脈絡をたどって来ると、頓悟漸修という標語は、頓悟としての良知の、自主的調整というひびきをもちながら、実質的には、頓悟としての陽明学と、漸修としての朱子学との調和を意味することとなる。この場合、頓悟に重きをおくか、漸修に重きをおくかにより、その思想に微妙な差異が生じて来るのはもちろんであるが、いずれにせよ、陽明学が朱子学を、小脇《こわき》にかかえて前進して行くという、独自のスタイルが生まれて来たのである。それは見方によれば、朱子学のひとり立ちだけでは、頓悟流行の思潮についていけなくなったともいえるであろう。後世の偏狭な朱子学者たちは、明末の朱子学者たちが、つぎつぎと良知説に接近して行ったのを、ふがいない、不純なやり方だとなじっているのであるが、それは明末思想界の動向に暗いからである。

南頓北漸の調和

さて、儒学内部の朱王調和の傾向と併行して、仏学内部にあらわれて来たのは、南頓北漸調和の動きであり、また宗密哲学復興のきざしである。清初の儒者李二曲は、儒学における陽明学系と朱子学系の対比は、禅における南宗慧能と北宗神秀のようなものだといったが（二曲集、巻一五）、それは決してとっぴな連想ではないのである。

『六祖壇経』の編者が、慧能（南頓）をもち上げようとするの余り、不当に神秀（北漸）をおとしめてから、禅の最盛期たる宋代においては、神秀の漸修論は、総じて不人気であった。もちろん、そうした風潮の中にあっても、黄山谷に「大通禅師（神秀）真賛」（山谷集、巻一四）があったり、『隆興仏法編年通論』の編者（祖琇）が、神秀の謙譲の美徳をたたえているように（同書、巻一五）、神秀の人品をそれなりに評価しようとする動きが、なかったわけではない。しかしそれが表面化し、慧能と調和する気風は全くみられなかったのである。

しかるに明末になると、雲棲袾宏のような大物でさえ、慧能の「本来無一物」に対して、神秀の「時時勤払拭」の語をもち上げているように（雲棲遺稿、巻中）、神秀は禅者の範とすべき有力な祖師として、かえりみられた感があるのである。学道には、直捷の道と漸次の道の二つがあって、学徒はこの両方を兼ねなくてはならぬ。南頓北漸などといって、禅のおとし穴にはまってはいけないというのが、この時代の気風だとすれば、慧能と神秀とを結びつける運動は、急速に進展して行ったわけであろう（『禅家亀鑑』参照）。文人袁中郎はいう。

「かの、本来無物と時時払拭とで、頓と漸の優劣を分ける者は、下劣の凡夫の見解に過ぎない。そういう連中は、眼がさめているとはいえない。まして道を悟っているとは、とうていいえない。」（袁中郎集、答陶石簣）

同じく著名な戯曲作者屠隆《とりゅう》もいう。

「神秀は、時々塵埃を払う、といい、六祖は、本来無一物、という。菩提正覚は、六祖に帰すべきものではある。だが神秀の考え方も、決して無視すべきではない。神秀を筏《いかだ》とし、六祖を対岸とすべきである。筏があってこそ、対岸に渡れるのだし、対岸に渡ってこそ、筏がいらなくなるのである。塵埃を払わないで、そのまま無一物の境を求めることは、とてもできはしない。」（白椧集、巻七）

また智旭はいう。

「神秀の偈は、漸修に言及してはいるが、全く危なげがない。これに対し、慧能の偈は、はなはだ円頓ではあるが、少しでもやりそこなうと、天地のへだたりが生じる。うまく行けば、すぐさま悟れるが、下手をすれば、永久に浮ばれない。」（宗論、巻四之一）

宗密思想への注目

以上のような南頓北漸調和の傾向とともに、もっと幅の広い頓悟漸修論が流行するのであるが、その経証としてしばしば持出されたのが、先にも引用した、楞厳経の「理は頓悟するも、事は漸修す」の語であった。もともと北宗禅攻撃の火ぶたをきった荷沢神会《かたくじんね》（慧能の弟子）の法系に連なる宗密は、頓悟漸修を説きながらも、北宗に対しては、きわめて冷淡な態度を示しているのであるが（従って宗密の脳裏では、彼のいう漸修と北宗の漸修とは性格が異なるとされていた）、明末においては、宗密の意図とは別に、もっと広汎な頓悟漸修のうねりがあったのである。だから袾宏が、「宗密が円覚経を楷定《かいじょう》した方法は、万世不易の至論である」（阿弥陀経疏鈔問弁）といい、また清初の道霈《どうはい》が、「宗密の頓悟漸修の説は、確固不易の論である」（聖箭堂述古）とのべているからとて、明末の頓悟漸修運動を、単に宗密哲学の復興と受けとめるのは、狭見にとらわれたものである。

さまざまな頓悟漸修論

このように、明末における頓悟漸修論は、融通性に富んだものであるから、決して一定の様式にはめこむことは不可能である。先ずこれを万暦三高僧についてみるならば、袾宏は、その主著『阿弥陀経疏鈔』に頓悟漸修的手法を用い、『竹窓随筆』（初筆、悟後）では、一念に自理を頓悟しても、無始以来の習気は、頓に除きがたいから、現業流識《げんごうるしき》（現在の業づくりとしてはたらいている意識）の払拭にはげめ、という潙山霊祐《いさんれいゆう》の語を引き、「今日、少し悟るところがあると、すぐに一生参学の目的は達せられたというのは、何たることだ」と、きびしくいましめている。

豪放第一とうたわれた達観も、心に巣くう情のしつこさへの注視をおこたるべからずと、「道は頓に悟るべきだが、情は漸々に除かねばならぬ」（紫柏老人集、巻二）と示し、華厳経の五十二位説とか、天台の六即論とかは、いずれも、「理は頓悟、事は漸除」を教えたものだとした（同上、巻七）。徳清も、「頓悟すといえども、漸修を廃せず。仏祖の心、もとより二なきなり」（夢遊集、巻二一）の語を残している。

その他、湛然円澄は、悟った人間にも念仏が必要であるかとたずねられ、末法の世では、根性の劣った人が多いから、たとえ悟心を得ても、念持心を借らなければ、恐らく微細な習気はきよめがたいとし、「理は頓悟すといえども、事は漸修をかる」と答えており（宗門或問）、袁中郎の『西方合論』自序にも、先の潙山《いさん》の語を引用し、禅と念仏との合体の必要性をのべている。

楞厳経註釈書の続出

以上のように、明末の思想界に、滔々《とうとう》として頓悟漸修の実践論が流れつつあったことは、疑うべくもない。そして上来点綴して来たように、そこには常に楞厳経の語が、経証として用いられていたのである。そこでこれが明末に続出した楞厳経註釈書に反映し、この経典の流行に拍車をかけたことは、いうまでもなかろう。いまその一いちを紹介するのは煩にたえないので省略するが、ここで注目したいのは、誰の説がもっとも経旨にかなっているか、ということではなくて、ここに注がれた明末における僧俗の、厖大なエネルギーと熱意である。「楞厳経は、宋儒の語録に過ぎない」とは、清の文人袁随園《えんずいえん》のことばであるが、文字通り、楞厳経の語句は、日常会話の中にまで通用していたのである。ユニークな頓悟漸修論を提唱した管東溟《かんとうめい》の次の語も、楞厳解釈をめぐる時代の雰囲気を活写しているように思われる。

「楞厳経は、たしかに諸経の骨髄であり、学仏の真詮である。だが惜しいかな、十指をかぞえる註釈書は、とかく行きとどかない見解が多く、仏の心源に徹していない。しかも近来の講師は、それをもとにして学問を講じている。私からみれば、これらは、註釈者の楞厳ではあっても、仏祖の楞厳ではない。」（憲章余集、巻上）

以上、実践論を主題としつつ、楞厳経通行の実態にふれてみたのであるが、この経典が、宋代よりも明代に、特に流行したについては、別の角度からも検討を加えてみる必要がある。次に心性論を中心に、ふりかえってみることとする。

第十四章　楞厳経の流行

楞厳経の特色

楞厳経は、唐の神龍元年に訳出されたとされているが、実際に広く読まれ始めるのは、宋代に入ってからである。その経典としての特色は、覚範慧洪《かくばんえこう》ものべているように（楞厳経合論序）、般若経が空によって相《そう》を否定し、円覚経がずばり本心をあらわすに対し、楞厳経は、人みな常住真心《じょうじゅうしんしん》を具有しているにかかわらず、これをおおう妄心・妄見の由来に暗いとし、その実態を克明に追及したところにある。つまり一切諸法は、唯心のあらわれだという如来蔵経典の大原則をふまえながらも、その本来の妙心を見失い、迷いに迷いを重ねている衆生の現状を前提として、心内はもとより、十方世界にわたる妄想顛倒の相状が、こまかく描写されているのである。そのしつこさは、現世の虚構性と人間の虚妄性を強調するの余り、社会や国家の存在意義を空洞化させているために、人倫界への実践的意欲を喪失させ、狡智を弄するものに都合のよい逃口上を提供するとの、疑問を招かないでもない。

幻妄観と易経

特に楞厳経の註釈書が出現し始めた十一世紀前後は、宋学（道学）の勃興期にあたり、新しい国家理念と人間像の樹立にふるいたつ、新興士大夫層にとって、右のようなねばっこい幻妄観の流行は、その建設的世界観の土台をゆるがすものとして、拒否されねばならなかった。その先駆的発言者が、張横渠《ちょうおうきょ》である。

幻妄観を批判した横渠の有名なことばの中に、「仏教は窮理尽性を知らぬ」とあるが、この「窮理尽性」（理をきわめて性をつくす）という語は、「易経説卦伝《せっかでん》」にみえているのである。つまり易経的世界観によれば、人間のさかしらを待つまでもなく、天地は整然と運行し、人倫の秩序はうるわしく保たれ、万事万物は一定の理によって集約できるはずであり、同時に、人間には本来、その秩序を維持し、事物の規範に適応する能力が与えられているのであって、これをわざわざ根底からくつがえし、幻妄視してみる必要は、どこにもないのである。そうした不遜な野望をいだくこと自体が、卑小な人身をもって、天運の循環にさからい、道理の外に身をおいて、気ままな自由をもてあそぼうとする、身のほど知らずなのである。

妄心と世界

楞厳経巻六に、「迷妄にして虚空あり、空によって世界を立つ。想の澄めるは国土を成じ、知覚はすなわち衆生なり」という語があるが、これは、楞厳経註釈者によれば、虚空も世界も、すべて妄想によって成立したのであって、妄想の凝結したものが国土となり、妄心の知覚が衆生となり、これをひっくるめて世界と名づけるのだ、と解釈される（首楞厳義疏註経）。

これは万法唯心を背景として、世界存在が、心の上下するままに、いかようにも着色変化させられることを、極限状況において表現したものであるが、このように天地の生成秩序に根本から不信をいだき、その構成素因を妄心におくことは、儒家として、とうてい容認できはしない。いわゆる「性命の理」に深い信頼をよせる道学と、この理とても、世俗的作為による中途半端なものに過ぎぬとする仏教との対立が、楞厳経を介して表面化して来たわけである。

理の権威

儒家よりすれば、天人を貫き、存在を基礎づけ、実践の規範となる理こそ、道学の生命をなすものであり、この理に疑惑をはさみ、これに背反することほど、無鉄砲なものはないとみなされていたのである。理は、天にあっては、宇宙的秩序となり、人にあっては、性善のとりでとなる。たとえ人間存在が、「気強くして理弱き」（朱子のことば）ものであるとしても、それは理の権威と準則を前提とするものであって、理の存在消滅を意味するのではない。だからかりに、人心に虚妄の影がつきまとうとしても、それは理に対する虚妄であって、理そのものまでが虚妄なのではない。それを朱子は、「私欲尽きて天理存す」と表現したのであり、私欲を滅尽するものは、あくまで天理の威力でなければならない。

仏者の反撥

儒家の、楞厳経に対する風あたりが激しかった反面、仏者の側でも、楞厳経を信奉するかぎり、儒教的世界観と安易に結びつくことを、拒否する動きがあった。北宋の居士曽会が、『中庸』『大学』の説を楞厳経にまじえ、禅宗の語句として雪竇重顕《せつちようじゆうけん》に示したところ、重顕から、「禅の本旨は、教乗とさえ合致しないのに、中庸・大学など、とんでもない」といましめられたという（五燈全元、巻一六）。

同じく晁文元《ちようぶんげん》は、儒仏道三教を比較するにあたり、易経と老子は、楞厳的世界観の一部を説くに過ぎぬとし（法蔵砕金録、巻二）、たとえ易経が、数術の極限をきわめていても、それなりの限界があるに対し、釈尊の妙覚の理は、はるかに数術を超えており、偏見にとらわれてはならぬ、とのべている（同上、巻八）。

以上のように、道学者は、総じて楞厳経の世界観や心性論を、迷妄として拒否したに対し、仏教側は、儒教的世界観を、拒否しないまでも、これを局限されたものと受取り、そこに越ゆべからざる界線をひこうとしていたのである。

道学（朱子学）の信奉する理の権威を動揺させる楞厳経の幻妄観、倒錯せる宇宙観、病的な心識論などは、まっとうな人心をむしばみ、人倫をゆがめる毒素であって、その流行は、でき得るかぎり抑制されねばならない。「楞厳経に説く人間発生論なんて、物笑いの種さ。」（朱子語類、巻九四）。こうして道学が主流をなすかぎり、楞厳経は、仏教学内部か、これにあこがれる一部士人の間に注目されるにとどまり、広く一般思想界に流行するまでには至らなかったのである。しかるにこの状況は、明代に入るや、大きく変貌して来る。それは、どのような理由によるのか。

良知と妄念

理の権威を最優先する道学では、是非真妄は、理の力によって一刀両断的に区別され、真妄一体というあいまいな考え方は、許されない。なぜなら、妄とは、先験的理のありかを暗ますもの、理に背くもの、従って妄の増大は、理の存在危機を倍加するものだからである。妄は、人間にとって、全くマイナス現象でしかない。そこには、妄の濃度、すなわち妄による理への背反（それはやがて理の破壊にまで発展する可能性がある）が、かえって理の格調を高め、理の変質化をもたらすであろうという発想が生まれる余地がない。しかるに陽明は、善悪の区分、真妄の弁別は、わが心の良知のはたらき具合いかんにかかわることで、妄をおそれ、妄を拒む良知は、始めから妄の前に畏縮しているがゆえに、むしろ真も妄もわが掌中ににぎり、これを自在にあやつるべきものだという。

真妄相即

良知の良は、朱子学的な先験的定理に還元されるべき性格のものではなく、かえって定理の拘束から解放されて、自由に自己定立をはかり得るところに、その真骨頂があるのである。もしも良知説の発展深化ということが、朱子学との距離をいよいよ明確にするにあるとするならば、その真妄相即の体質を、いよいよ尖鋭化させずにはおかぬだろう。つまり、「道高きこと三尺なれば、魔深きこと尋丈」といわれるように、真への探求がきびしくなればなるほど、妄の重みも深刻となり、妄の深さが、逆により高い真のおし上げに、欠くべからざる契機となるのである。真と妄とは、絶対背反の関係にありながら、一全体の表裏をなし、妄に即して真を拓き、真に即して妄を凝視する。しかもこの真妄相即せる良知は、仏教と異なり、あくまで歴史的現実に密着して、自己鍛錬・自己開展を行って行くから、それは決して空化（風化）されることなく、たえず新しい理を創造しつづける。

定理以前の心

この良知心学は、何よりも、「善悪の区分、真妄の弁別」を、先験的定理にたよらないで、みずからの全責任においてになうことを、至上命令とする。それが朱子学者から、禅まがいとののしられ、傲慢不遜とたたかれる理由なのであり、少なくとも朱子学側からみるならば、それは当然の非難であろう。しかし良知心学が、定理ばなれしたのは、決して私意をおし通そうとしたり、理を無視しようとしたのではなく、むしろ定理に依存することから生じる偽善・無責任・作為などを、徹底的に掃蕩するために、定理以前としての心の原点に帰ったのである。すなわち良知心学は、真妄未分・真妄一体なればこそ、真への眼覚めは、同時に妄への眼覚めをつつむものであった。妄の深淵を知らなければ、真の高揚もあり得ない。歴史的環境が、泡だてば泡だつほど、良知は、つぎつぎと変貌する人間悪・社会悪に冷徹な眼を向け、そこに即して真の威力を発揮する。とすれば、真妄一体という標語は、一概に人を傲慢不遜へとかりたてるのではなく、たえず移りかわる多様な妄への凝視をおこたらぬ、謙虚な心情を宿す契機となり得るのである。

陽明学と楞厳経との接点

妄と真とは、相互に否定し合いつつ、向上し拡大して行く。妄への反省がとだえる時、真の活力も低下する。妄の行く手をことさらにさえぎるのは、自滅行為である。妄に対し、始めから性善の歯どめをかけ、妄の活動範囲を制約するのは、心学にふさわしいやり方ではない。妄の威力・活力を恐れては、良知心学は成立しない。

そのような心のもつ多様深刻な悪魔性は、従来、主として仏教心学内部において追求されて来た。それは仏教唯心論が残した、もっとも重要な思想的遺産の一つであろうが、良知説の発達過程において、漸次これを、自家薬籠中のものとして行くのである。良知が、定理ばなれする度合と、妄への追求を深める度合とは、ほとんど併行している。そこに陽明学派と楞厳経とを結びつける接点が見出されて来るのである。

七処徴心

楞厳経巻一の、釈尊と阿難との問答の中に、古来、「七処徴心」とよばれる一節がある。それは、人間の「覚了能知の心」（物事を知覚領納し分別する心）が、1　身内にもなく、2　身外にもなく、3　心根のうちにも潜まず、4　眼を開いて明を見るを、外を見るとし、眼を閉じて暗を見るを、内を見るとする義も成立せず、5　心と法との合するところにもなく、6　内と外との中間にもなく、7　一切執着なしともいえない、という七項をさすのである。この一節は、常識的思考法では分りにくいのであるが、要するに、七処徴心とは、心の本性が、どんな場所にも、固定的限定的に存在しないことを指示したものであろう。清初の大儒王船山は、七処徴心説を評して、「全く事物の道理にそって、推論していない。ごりおしのへ理屈とは、このことだ」（中庸章句）といったが、それほど、儒教的発想とは、異質のものなのである。

煩悩の追求

ところで、楞厳経の次の段には、衆生の転倒している様態を説明するのに、二種の根本を立てている。一は無始以来の生死の根本として攀縁心《はんえんしん》（対境に向って妄想し分別する心）、二は無始以来の菩提涅槃清浄の体であって、前者により、後者の明体が見失われるところに、種々の顚倒が発生するとする。そしてその清浄な真性をさまたげる細かな煩悩として、「前塵虚妄《こもう》の相想」（対境に対して虚妄に形成された相状分別）のあることが指摘され、「いくらすべての見聞覚知をたちきって、内面にじっと閉じこもっても、まだ法塵分別の影事（対境に対する細かな執着分別）はのこっている」と示される。この「前塵虚妄」「法塵分別影事」の語は、心に巣くう底知れぬ妄執のしつこさをあらわす恰好のことばとして、明末の思想界に、一種の流行語となった。その基盤となったものこそ、先にのべた、陽明良知説によってつちかわれた深刻な妄念追求の身がまえである。この時代の儒学者の論著から、楞厳経の右のことばを見出すのは、易々たることである。「楞厳経は儒教にまさる経典である」という袾宏の語は、まさにそうした時代思潮を見通しての発言であろう。

宇宙手に在り

ここで思い合わされるのは、明末における、「宇宙手に在り、造化は身より生ず」という語の流行現象である。この語はもと、『陰符経』という道教の書にみえるのであるが、早く北宋の邵康節《しょうこうせつ》の詩句（伊川撃壌集、巻二二、宇宙吟）に引用され、宋代にも若干の用例がみられないわけではない。しかし明代に入り、王陽明の、「乾坤我に由りて在り、いずくんぞ他に求むるを用いん」（王文成公全書、巻二〇）という詩句をはじめ、その後継者の間に、広く伝播するに至った。そしてこれと重なり合うようにして、「欠陥世界」という語がひんぱんに用いられているという事実に、注目する必要があろう（前述）。一見したところ、「宇宙手に在り」という壮大な自負心と、「世界に欠陥がある」という認識とは、矛盾するかのように思われるかも分らない。しかしそれは決して矛盾ではない。世界に欠陥があるという認識が、一種の宿業観の表徴として、歴史の場から身を退《ひ》くならともかく、すでに覚浪道盛にもみたように、逆に乾坤をわが手に掌握しながら、己が責任完遂能力の未熟なために、世界に欠陥が生じているのだと受けとめるならば、そこに社会正義実現のための猛然たる実践行動が生まれるであろう。宇宙を一手に掌握すればこそ、歴史の傍観者となり得ず、世界をになうものとしての自己点検が、「欠陥世界」の意識となって噴出したのである。

欠陥世界

欠陥世界という語は、もと仏教学より出たようであって、当初は、彼岸への憧れを触発する意図をこめて使用されたのかも分らない。しかし欠陥世界におけるつまずきの解決を、非歴史的世界に求めることは、明末思想界の大勢ではなかった。すでに『菜根譚《さいこんたん》』の著者は、「この心常に看ること円満なれば、天下はもとより欠陥なきの世界なり」（九八章）といいきっているが、欠陥は常に心の即今の課題として掌握されていたのである。「欠陥世界だから、めぐみが行きわたるわけにはいかない。だが人間の性格は円満なのだから、めぐみをおし及ぼさずにはいられない」（四書評、孟子尽心下）とは、万暦年間最大の異端者である李卓吾のことばだといわれる。

楞厳経の受容

すでに世界欠陥認識と、宇宙荷負意識とが一体だとするなら、先にのべた楞厳経の幻妄観なるものも、決して排除されるべきではなく、むしろ心の威力を示す術語として活用されるべきことが、いよいよ明らかとなったであろう。心の真妄いかんにより、世界の完全・不完全は左右されることとなるからである。「一人が真を発《おこ》して源に帰ると、山河大地はすっかり姿を消す」という楞厳経のことばは、まさにそれを意味するのであろう。

心学思潮が、このような方向と性格をもつとするなら、宋代と異なり、儒学界においても、楞厳経がすんなりと受容された理由が納得されるであろう。こうして楞厳経の所説を無視して心を語ること自体が、自己欺瞞だときめつけられる場面すら、見られるに至ったのである。楊復所《ようふくしょ》はいう。

「(北宋の学者) 程子は、『人は己れの真心《しんしん》を識《し》らねばならぬ』といいました。ああ、真心なるものが、何でやすやすと分りましょうか。私は、仏学を専攻しているものではありません。ですが、仏典によって、いささか心奥をうかがい知ってから、儒教の先輩の議論をふり返ってみますと、まるで靴をへだててかゆみをかき、海に入って砂を数えるようなものでして、残念でなりません。……釈尊の説いた楞厳経となると、心の掘り下げ方が、まことに微細です。後の世をめぐむこと、これ以上のものはありません。心の

探求に志すものは、これをさしおいて、見過すわけにはいきません。」（家蔵文集、巻七）

こうして楞厳経は、心学の体質強化に欠くべからざる経典として、読書人の注目を集めるに至ったのである。まして、心学の名のもとに、儒教路線と仏教路線とが重複し合うなら、僧侶が中庸を講じ、儒者が楞厳経を講ずるという、逆転現象が生じても、不思議ではあるまい（孫夏峰集、巻八）。

非定型的思想動向

最後に注意すべきは、真妄一体論にせよ、頓悟漸修論にせよ、その術語自体は、唐代仏教において完成されたものであって、すでに一種の公式化したあとさえあり、これが主として楞厳経を通して明末に流行したにしても、その使用頻度数だけをあげつらっても、意味がないということである。問題は、妄とよばれるもの、その対治克服としての漸修とよばれるものの、内容規定いかんにある。それが宗門の教義学内での定型的処理に尽きるなら、かくべつ明代的特色の生まれ得べき余地はないであろう。しかし一たび世俗界にその問題意識が広がり、そこに事修の場を求めるとするなら、真妄の基準は、個々の主体の価値観や人間観によって、どのようにも変転し得るから、頓悟漸修の内容そのものも、さまざまに多様化せざるを得ない。つきつめていえば、価値観や人間観が、多様に分化している時代なればこそ、その救治法として、頓悟漸修が流行したともいえるのである。

楞厳経の役割

総じて漸修の、頓悟への規制力が強くなれば、心学は穏健化せざるを得なくなるし、逆に頓悟が漸修を吸引すれば、心学は過熱して来る。前者ならば、既成の価値意識が保有される傾向が強くなるし、後者ならば、自由な価値観の創造される余地が広がって来る。つまりこの時代の頓悟漸修論は、単なる悟りの様式にかかわる問題ではなく、社会や歴史の解釈の仕方、価値づけの方向にかかわっていたのである。それだけに頓漸をめぐる論争は、かつてみられぬほど複雑となり、これを通して、心の実態と権限についての細密な探求が行われたのであって、そこに楞厳経が独自の役割を果したといえるのである。

第十五章　異端のかたち——李卓吾をめぐって——

陽明学にせよ、禅宗にせよ、心学としては、穏健派から過激派まで、多様に分派する可能性をもち、事実、万暦以降、その対立は次第に表面化するのであるが、もっともきわだったケースとして考えられるのは、陽明学左派と禅学左派とが渾融したところに出現する人間像であろう。そこでは、伝統的価値観が、悟りの威力によって、つぎつぎとつき崩されて行きかねないからである。その先端を行く人物として、世間をさわがせたのが、李卓吾である。

情の位置づけ

李卓吾における儒仏合体の様態をきわめる前に、あらかじめ究明しておかねばならないのは、従来とかく、陽明学左派（特に王龍溪）の頓悟主義・無善無悪論等と、禅学のそれとの近似性が、両者の融合を可能にしたのだと、至極簡単に図式化して説明されているのであるが、実はそこになお考慮すべき重大な問題が、ひそんでいるのである。それは心における情の位置づけ方である。

朱子学における情

由来、仏教においては、情は知に背反するものとして、抑制される傾向が強い。これに対し宋学（朱子学）は、情は必ずしも悪しきものではなく、悪への可能性ははらむにせよ、これを性と合体させるならば、そのはたらきを善に仕向けることが可能だとされた。たとえば、孟子の四端説について、朱子は、怵惕《じゅってき》・羞悪《しゅうお》・辞譲《じじよう》・是非《ぜひ》は情、仁・義・礼・智は性、この情と性とを統べるものを心と規定し、「心は性と情を統べる」という定義を確立したのであった。このように情を、人心における肯定的機能として位置づけたのは、たしかに朱子学の一功績といわねばならぬであろう。しかし朱子学においては、情はあくまで性（理）に従属すべきものであって、情が心の主動となることは認められない。心が理の軌条にそって動く時、その順法意識にもとづく喜怒哀楽の情であってこそ、初めてそのはたらきが容認されるだけであって、理より逸脱した情動は、私意放縦な背徳現象として、きびしくとがめられる。ここに朱子学特有の厳格主義が生まれて来たのである。

陽明学における情

陽明心学は、この人間性をそこなう厳格主義への反省を、一主要動機として成立した。陽明のいう心（良知）とは、性と情とを分たぬ渾然たる実在である。朱子学においては、性は情よりも一段奥深く鎮座する理の安定所であった。それだけ、冷静に情の動きをみつめ、情に流される恐れがないにはちがいないが、情をゆるがす事象が、生《なま》なましく心をゆり動かさないで、性という先験的道理によって、一いち検証される手続きをとらねばならず、その過程において、事象の生なましさが冷却され、むしろ人情からずれた非情な決断がなされる傾向をまぬがれなかった。その点、性と情を分けぬ陽明心学は、外界の事象を、常時、開放された心そのものの地肌で受けとめる。心の痛みや喜びは、痛むがままに、喜ぶがままに、自己を表現し、自己なりの理を実現して行く。そこでは情と理は一体であり、情は理に従属するどころか、情の高なりは、そのまま理の高なりとなり、情の枯渇は、理の縮減となる。「良知は、喜怒憂懼（といった情）だけのものではないが、喜怒憂懼は、良知に他ならない」（伝習録、巻中）ということばは、まさにそのあたりの消息を示すのであろう。もちろん陽明も、情が自然に流動するのは、良知の作用であるが、それに執着するならば、欲望となる、と注意はしている（同上、巻下）。しかし良知が、「やむべからざる生機」として、人間のおのずからなる性情を尊重する道を歩み続けるなら、どのような抵抗をもはねのけて、情のもつ積極的機能を承認せざるを得なくなるだろう。

情尊重の風潮

孟子の四端説についていうなら、幼な子が、よちよち歩いて、今にも井戸に落っこちそうなのを見るやいなや、怵惕惻隠《じゆつてきそくいん》の情が生じる、それがそのまま心（良知）の全現態とされるわけである。その発動力が弱まるのは、後天的な知解《ちげ》・意見・私欲が、これをさまたげるからに他ならない。即今当下の情をはなれて、天理の所在はありはしない。こうした情の尊重が、明代における小説や戯曲の盛行をうながす基礎となったことは、周知の通りである。情を尊重しなければ、文学が理解できないどころか、国家も治まりようがないとは、当時の常識となりつつあった。「理が情の内にあると気づかないで、情を払って理をたてようとするから、政治が、なかなかうまくいかないのだ。」（袁中郎、珊瑚林、巻上）

仏教における情の軽視

こうした情尊重の風潮に、仏教はどれだけついて行くことができたであろうか。達観は、生来、婦人を見るを喜ばず、婦人が先に入浴するのを許さなかったといわれるが、彼は、心と情と性を定義して、「物に応じてわずらわされないのが心、物に応じてわずらわされるのが情、物に応じようと応じまいと、常に虚霊なのが性」といった（紫柏老人集、巻九）。また袾宏は、「母子の恩情は夢事と等し」（山房雑録、巻二）といい、極楽は男女の区別がないから、娑婆よりもすぐれているとした。

このように仏教では、情をすなおに肯定しないから、先に引用した怵惕惻隠にしても、まだ妄情の影を宿しているとし、その空化作業が不徹底だとした。こうした立場よりみる時、良知説が心学としてあかぬけしていないとされるのは当然であり、袾宏に帰依した文人董其昌《とうきしょう》のごときも、「良知説は、まだ宗門では浅薄な説に過ぎない」とし（容台集、巻四）、永覚元賢《ようかくげんけん》は、「誰もかれも良知をもっているというけれど、どうして仁義なんてものを気にするのか。誰もかれもますらおだというけれど、動物同然のていたらくだ。彼らの落度は、我執を空じていないことにある。だから自暴自棄しているのだ」と、良知信奉者が、仁義という性情から脱却できていないことを、とがめている（鼓山晩録、巻三）。こうした仏教側の言い分に反撥して、儒者銭一本《せんいつぽん》は、「儒学は性にしたがうが、禅学は情をのぞく。この微妙な相違が、千里のへだたりを生ずるのだ」といった（黽記、巻一）。

何らかのかたちで、空化作用をほどこさなければ、既成価値観への執着を払いきれないであろう。しかし情念を尊重しなければ、良知の格調を高からしめることはできないであろう。この両方向を同時に包みこむところに、禅仏教とは異なる、良知心学の特徴があるのであり、そこに前人未到の異端説が、出現し得る可能性が秘められていたのである。こうして李卓吾は誕生した。

情の源泉としての童心

李卓吾の思想的結晶が、「童心説」にあることは、今日、ほぼ定説となっているが、彼はここで、真なるものと仮なるものとの弁別の必要性を強調し、特に文を論じては、六経や論語・孟子などを、「仮人の淵藪《よりつきば》」とするに対し、伝奇・院本・雑劇・西廂記《せいしょうき》・水滸伝といった文学作品を、いずれも「古今の至文」と判定したのであった。それは、これらの作品が、已《や》むべからざる真情の発露として生まれ、道学的矯飾も非人間的歪曲もないからである。つまり卓吾にとって、「絶仮純真、最初一念の本心なり」といわれる童心なるものは、当初から、あふれるばかりの情の源泉であり、これを抑圧する時、童心は、枯渇してしまう運命にあったのである。このことは、情を妄念として処理する傾向の強い伝統的仏学との間に、越ゆべからざる溝をへだてることになりはしないか。

袾宏の文学蔑視

たとえば、この時代における勧善簿（功過格）の典型といわれる雲棲袾宏の『自知録』

によれば、色っぽい戯曲小説のたぐいを撰述すると、一篇の作品が一過（一点の過失）にあたり、それを世間に流布すると、一人に伝えるごとに二過にあたるとし、自分でとなえれば、一節ごとに一過となる、とのべられているように、情をあらわに示す文学作品は、全く近よるべからざるものとされているが、ここにすでに卓吾の志向との、きわだった対立がみられるのである。果して袾宏は、「西廂記・拝月記等の作品を、人間の本性にしたがう」とする卓吾の説を、かえって人情にもとるものとしている（竹窓随筆、三筆、李卓吾）。

仏者の卓吾批判

袾宏だけでなく、永覚元賢は、卓吾の主著ともいうべき『焚書』を評して、「その欠点は、情によって道を学ぶところにある。情によって道を学ぶから、なにもかも情に溺れているのだ」（禅余外集、巻一）とたたいているし、木陳道忞《もくちんどうびん》は、卓吾と金聖歎とを並べて、「才能はあるが、見識がかたよっている」（北遊集、巻三）と評している。卓吾の情尊重に対する、こうした批判は、同時にまた卓吾の言動を奇矯視することともなるのである。

情をいつわるな

「ひもじければ飯を食い、くたびれれば眠る」というのは、日常性に密着した悟道体験を象徴する禅門の由緒あることばであるが、対他的に強烈な欲望と衝動をともなう男女親子の情をむき出しにすることの是非が問題となるや、俄然、禅者の表情はこわばるのである。そこにはなお、日常性と一枚をへだてる用心が作用しているように思われる。しかし、夫婦こそ人の始めだとする卓吾は、いともなだらかにいってのける。

「念仏する時は、ただ念仏せよ。慈母にあいたい時は、ただ慈母にあえ。情をいつわる必要はない。性にさからう必要はない。心を曇らせる必要はない。意を抑える必要はない。直心のままに動く、これが真仏なのだ。」（焚書、巻二、為黄安二上人）

卓吾の龍溪批判

卓吾は、王龍溪の影響を大きく受けたと告白しているのであるが、しかも龍溪の、「（世俗的な功績栄誉については）情をすっぽり投げ捨てて、夢同然であれ」という語に不満を表明し、「（このことばこそ）全くの夢ものがたり、情を投げ捨てる必要はない」とのべている。龍溪は、良知の貴重性を強調するの余り、世俗的な功績栄誉への執着の情を捨てよとよびかけたのであるが、卓吾はすでにそこに、道学臭をかぎとり、これに一針を加えたのであろう。

衣食が道

このように情を尊重し、人間そのものをむき出しにすることが許される時、喜怒哀楽の渦まく日常的地平が、そのまま人間の真の生きざまであるとみなされるに至る。それを卓吾は、「着ること、食うことが、そのまま人間の道であり、物事の道理です。着ること、食うことの他に、人間の道や物事の道理はありません」と表現したのである（焚書、巻一）。

かつて朱子は、「着ること、食うこと、はたらくこと、いこうこと、視たり聴いたり動いたりすることは、（現象的な）事物であって、それをそうさせている（超現象的な）道理や規範こそ道である」（中庸或問）と、形而下的な物事と形而上的な道理とを一応区別したが、卓吾は、その道理規範なるものを、理の名において人間性を障《さ》えるもの（理障）として、一気に衣食肯定の境地につき進んだのである。それだけに卓吾は、通学者から指弾されたのはもちろん、おおかたの仏者からも、悟りと情縁を安易に結びつけたものとして、異端視されたのである。

人倫物理と真空

さて卓吾は、右の語につづいて、「学に志すものは、人倫物理の上について真空を知らねばならぬ。人倫物理の上について人倫物理を処理してはならない」とのべている。「人倫物理の上について人倫物理を処理する」とは、人倫物理の次元にとどまって、そこから超出せず、結局、人倫物理の係累にまきこまれることをいうのであろうし、「人倫物理の上について真空を知る」とは、人倫物理に加えられようとする道学的な操作や着色を排して、底ぬけの真機を見出して行くことであろう。理障の加わらない衣食であってこそ、始めて人間の滋養となるからである。

真空の探求

卓吾の空思想を知る手がかりとして、もっとも重要な資料の一つとなるのは、「解経文」(焚書、巻四)であろう。これは楞厳経巻二にみえる。「晦昧為空」云々という一節を解釈したものであるが、この句について、宋代以来の仏家は、ほとんど「晦昧《かいまい》、空となる」と訓《よ》み、「真如への迷蒙無智が、頑空《がんくう》を形成する」と解する。頑空とは、固定的に実体化された空、すなわち「色即是空」という風に、現象と一体化していない空無を意味する。そこで真の空に帰るためには、この頑空への執着を払わねばならぬ、とされる。ただ上来みて来たように、その頑空への執着の中に、情意が織りこまれる可能性が大きく、頑空の解消が、同時に情意の払拭をともなうこととなりかねないのである。

しかるに卓吾は、右の楞厳経の句を、「晦昧にして空ずるを為す」と訓《よ》み、「真空の実相に暗いために、故意に空化ということをおこなう」の意に解する。諸家は、無明によって形成された頑空のしつこさに注目するから、いきおい、そのとらわれた空の、とらわれを払うことに力点をおくこととなる。ところが卓吾は、故意に為される空化作用は、地面の掘り穴同様、有《う》に対する空であり、真空とは、ほど遠いものである。こうした空化作用をつづけて行くと、晦昧の度は、ますます濃厚となる、と解する。何でもかでも空ずればよい、というものではあるまい。かりに頑空の核に情意があるからといって、頑空を溶解するとともに、情意までも雲散霧消してしまったら、人間としての貴重な財宝を、みすみす見捨てることになりはしないか。

卓吾が、楞厳経のこの一節を、徹頭徹尾、いささかも人力をいれる余地のない、真空のありようを説いたものとするのは、まさに右のような不安の解消をねらったものであった。経文にもあるように、わが色身より、山河大地虚空に至るまで、ことごとく、「わが妙明なる真心《しんしん》中の一点の物相」であるとするなら、そこには何らの空じようもない。ここで、「人倫物理の上について真空を知る」という、彼の言葉を想起するならば、その真空論が、いかになまの現実に密着しているかが理解されるであろう。人倫物理を空じて道を求めようとするなら、もう人倫物理を構成する重要な要素が洗い流される。人倫物理と空との間を往き来しようとするのは、人倫物理と空との一味性が分っていない証拠である。

では空は、人倫物理において、どういうはたらきをするのか。それは、あの「童心説」に主張したように、仮なるものを拒否して真なるものに帰る、復原力に他ならない。童心が、見聞道理によっておおわれているとするなら、たしかにそれを空じなければならぬだろう。しかし空ずるとは、見聞道理を一切無用視するのではなく、人間的心情において、新しいくみ立て、価値づけをすることであろう。仮人から真人に変身するのである。

浄土観

卓吾は、しばしば浄土往生のことに言及しているが、彼にとっての浄土とは、要するに、右にのべた真人・真心の安住所以外にはない。禅浄一致をといたか否か、西方浄土を認めたか否かということは、二義的なことに過ぎまい。文人鍾惺《しょうせい》は、卓吾に、「阿弥陀仏は、ふつうの慈孝の人に過ぎない」という語のあったことを伝えているが（隠秀軒集、秋集）、仏事菩薩行を、なまの日常的事行の中に見出すところに、彼の宗教的諦観の究極があったのであろう。そこから、「天堂に仏がいれば、天堂に行こうし、地獄に仏がいれば、地獄に行こう」（焚書、巻二）という、ふてぶてしい自信に満ちたことばも吐露されるのである。禅もよし、浄土もよし、在家もよし、出家もよし、行くとして真人の出現ならざるはなしである。

出家の動機

その彼が、六十二歳の時、儒衣儒冠を捨てて、僧形に身をやつし、賛否の渦中に立つこととなるのであるが、卓吾自身よりすれば、人倫道徳への許しがたい反逆だとわめきたてる連中こそ、仮人の穴からぬけ出ていないと、観ぜられたことであろう。彼は出家の動機を、「他人の拘束からの脱却にある」としているが、それは何も神妙な求道者として仏門に入ったのでもなければ、俗世に眼をつむるためでもない。彼は、仏教に帰依したのではなく、真人としての自由を求めただけなのである。みずから「山中の妖怪」と名のっているように、城市をはなれて暮しているとはいえ、実社会の歪み・汚れ・ごまかしには、満身の公憤をぶちまけ続けた。逮捕投獄は、みずから招いた当然の運命である。ある儒者は、卓吾の悪質な犯罪性をあばき、「李卓吾は乱民である。孔子の是非（価値評価の基準）をわきまえないで、おのれの是非を用いるのは、愚の至りである」（鈍吟雑録、巻二）とのべたが、これがおおかたの儒者の、卓吾に対する見方である。

最後のとりで

卓吾にとって出家とは、言論の自由、行動の自由を確保するための、最後のとりでであった。それは長い中国思想史の課題よりいえば、心学的本来主義と歴史的現実との相互燃焼による、空前の体験というべきかも知れぬ。真空とは、そうした体験を代弁する、仏教の術語に他ならない。「私がなんで、ひからびた禅にこもり、寂滅《じゃくめつ》をきめこみ、死人同然のていたらくになるであろうか。」（焚書、巻二）。こうして卓吾は、いつまでも生きつづけ、明代心学思潮の最高揚期を物語る証人となっているのである。

終章

『心学弁』にみえる三つの歌

余り世に知られていないようであるが、徳川時代の朱子学者雲川弘毅《くもかわこうき》に、『心学弁』という著述がある。これは、その「あとがき」に、

「陽明の学を心学といふは、大いに愚なりといふべし。真の心学といふは、朱子の学なり」

とあるように、陽明学は心学と呼ぶに値しないとし、朱子学の正常性を誇示しようとしたものである。ところでこの書の中で、著者は、禅と陽明学と朱子学とのちがいを、三首の歌に託している。

善もいや　悪もいやなり　いやもいや
　事々物々《じじぶつぶつ》は　時のなりあひ　（禅僧）
善もいや　悪もいやなり　いやもいや

事々物々は　義とともにしたがふ　(陽明学)
善は善　悪は悪なり　悪はいや
事々物々も　義とともにしたがふ　(朱子学)
この三首の歌を比べて、先ず気づくのは、禅と陽明学とは、上《かみ》の句は同じであるが、下の句で、事々物々への対処の仕方に、「時の成行に応じて然るべく処理する」のと、「義理に従って処理する」とのちがいが示されていることである。次に陽明学と朱子学とは、下《しも》の句は同じであるが、上の句で、「善悪ともに否定する」のと、「善悪のけじめを明らかにする」とのちがいが示されていることである。いまこれを、陽明学を基点として整理するならば、陽明学は、善悪超越の立場をとる点では、禅と共同歩調をとりながら、実際の事物判断では、朱子学同様、義理を尊重する、ということになる。
しかしここにすぐに疑問がいだかれよう。すでに善悪超越を基本原理とするものが、具体的な事行の場で、(善悪の判別を必須要件とする)義理にしたがうなどということが、果して可能であるだろうか。かりに可能であるとしても、その場合の義理は、見せかけのもの、まやかしのものに過ぎないのではないか。そうだとすれば、陽明学のいう「義とともにしたがふ」は、結局、禅の「時のなりあひ」と同質になってしまうわけである。朱子学者が、「陽明学は禅である」と非難する根拠は、そこにある。

陽明学と禅

といって、かりに陽明学を禅の側におしやり、儒仏の混線をきびしくいましめたところで、陽明学そのものは、すぐにいいなおって、「われわれは禅ではない、禅は悟りを主とし、義理を付随物視するが、われわれは当初から義理を尊重すればこそ、それに活気あらしめるため、善悪超出を説くのだ」と反論するであろう。こうなれば、朱子学の説く義理が本物なのか、陽明学の説く義理が至当なのか、水かけ論になってしまうだろう。「此心麁《そ》なれば、古説をかへりみずして、臆見にまかせり」（心学弁）という陽明学批判も、しょせん一家の私言に過ぎないわけである。

盤珪のことば

それはともかく、ここに一つ注意しておきたいことがある。それは、先にあげた三つの歌の中、禅僧のそれは、実は不生禅の提唱者として知られる盤珪禅師の作だということである（岩波文庫版、盤珪禅師語録、一八〇ページ）。盤珪は、近年、鈴木大拙博士らによって、道元・白隠に比肩すべき、日本禅宗史上の一巨峰とまで持上げられているのであるが、彼は、右の歌の趣旨を敷衍して、次のようにのべている。

「事事物物、縁に随ひ運に任せて、七通八達す。只悪《あし》き事はなさず、善き事はなす。

然れども善根にほこり貪著し、悪（き）こと憎み、嫌（は）ねば仏心にそむく也。仏心は善にもをらず、悪にもをらじ、善悪を超（え）て、動き働く也。是《これ》活仏心にあらずや。此の趣きを決定して疑ひなければ、其場より直（ち）に人の心肝を徹見する眼を開く。是故《このゆえ》に我宗を明眼宗と云《いう》。」（同書、一〇〇ページ）

善悪の彼岸

つまり盤珪は、善悪を超えて動き働く活仏心を、「善もいや悪もいや」と表現し、縁に随い運に任せて、自由自在に動き、「悪き事はなさず、善き事はなす」のを、「事々物々は、時のなりあひ」と詠じたのである。悪に流されるのはもちろん不都合だが、善ぼこりはもっとみにくい。だから善悪の彼岸に超出せよ、それでこそ心眼が開けたというもの。これが盤珪の示教である。この心眼を、盤珪のように不生でとらえるか、白隠のように公案でとらえるか、或いは道元のように只管打坐でとらえるか、行き方はさまざまであろうが、どうやら日本の禅者の、悟りと善悪の関係にかかわる議論は、究極的には、この範囲を出まい。こうした主張は、いかにも善悪のしがらみから超越した自由人のイメージを喚起するし、事実禅僧は、これをたてにとって、世俗的な善悪論争の埒外にいるとうそぶいても来たのである。だが一体、善悪を超出しつつ、「時のなりあひ」として、「悪き事はなさず、善き事はなす」というのは、どういう生きざまなのであろうか。そこでいわれる「善き事」「悪き事」とは、どのような判別基準にもとづくのであろうか。そこには一応、「活仏心の動くままに判別するだけだ」という返答が用意されているであろうが、俗世のしくみや動向を追求するための、かくべつの方法論も用意しないで、単なる直感だのみによる善悪判別が、実生活にどれだけの威力をもち得るであろうか。

不生の仏心

『盤珪語録』によれば、「孝行はどのようにすべきか」との問に答えて、盤珪は、「孝行は別に仕様はなし。ただ親の産附《うみつけ》たる仏心のままにて居るが、真の孝行なり。これをそこなふを不孝といふ」（九六ページ）と答え、また「忠孝の名あることは、不忠不孝の念ある故に、教を立ててこれをすすむ。惑《まどい》なき田地《きょうち》に到りたれば、何の不忠不孝あらんや。不忠不孝は惑ひある故なり。惑は念慮分別なり。念慮分別なき身に、何の不忠不孝あらんや」（一一三ページ）とものべている。忠であろうとし、孝であろうとする思慮分別のある限り、それは不生の仏心ではない。忠意識・孝意識の究極に開け来るのが不生の仏心であり、この忠孝の痕迹なき境地こそ至高のものだというのであろう。

盤珪の落し穴

しかしここには、重大な落し穴があるように思われる。忠とは何か、孝とは何か、忠であるためにはどうすればよいか、孝であるためにはどうあるべきか、という根源的問いが、人間変革・社会変動を背景として、不生の仏心におそいかかって来た時、仏心は、泰然自若としていればいるほど、歴史から浮上ってしまうのではないかということである。「事々物々は時のなりあひ」だから、その時はその時の事態のままに対処すればよいというのは、すでに歴史のあとから歩むものの自慰的口吻に過ぎまい。盤珪の示教を通して、われわれが感知するのは、これはいかにも徳川幕藩体制下にどっしりと腰をすえた者の悟りであり、接化であるということである。腹立ちがどうの、悲しみがどうの、妄念がどうのという、個人的迷妄打破には、たしかに不生禅はすばらしい威力を発揮するであろうが、収奪にあえぐ農民の腹立ち、重税に苦しむ商人の悲しみ、不当な身分差別に挫折するものの無念を、その社会構造のありように則して解決する道を、不生禅は示しはしない。それどころか、それらの苦しみ・悲しみ・無念を、不生の仏心で「時のなりあひ」よろしく片づけるなら、かえって歴史の動態を無視することとなろう。これこそは、無作為をよそおう作為、活潑をよそおう遅鈍というものである。

日本における禅の地位

盤珪（を始め日本におけるおおかたの禅者）が、こうしたタイプの悟りに満足し得たのは、これをゆるがす他のタイプの悟り（心学）が、日本において十分に成熟しなかったからではないか。日本に移植された陽明学は、中国の明末に活動したそれに比べれば、比較にならぬほど、しなびたものであり、時代の醜悪面を見通す眼光を曇らせたものであった。だから禅は、純粋性を売り物にするだけで、それを社会の濁りと交錯する必要を感じないまま、その伝燈を保って来た。まさに「日々これ好日」であったのである。

禅と陽明学の葛藤

しかし中国においては、禅はたえず、実社会の場に引きずり出され、その体質の真偽をたしかめられねばならなかった。特に陽明学の出現は、禅と対抗する新しい心学の出現として、禅者の行き方を、根源から問い直させる契機となった。達観や道盛のような社会禅の発生は、中国思想史の全動向からいえば、必然的帰結であったのである。公案棒喝や、伝統的問答様式を重んじない点では、彼らは盤珪に類似しているといえる。しかし彼らの実践した、ひたむきな「作用禅」「社会的志向禅」は、ついに日本には生まれなかった。陽明学と禅とを論題として取り上げる場合、日本的純禅と陽明学とを対比しようとすれば、せいぜい片言隻句の類同を、いじくり廻すに終るのがおちであろう。そこには、思想の核心において、せめぎ合うものを見出しがたいからである。それが真に熾烈な課題となるのは、何といっても明末という激動した社会を背景としての、両者のつばぜり合い以外にはみられない。この生態をぬきにして、禅と陽明学の体験的異同をあげつらっても、生産的な成果は、ほとんど得られないであろう。

新心学への待望

明末に花開いた心学（陽明学や禅をふくむ）は、満洲軍の進入という民族的悲劇の前に、惜しくもその根幹をたたれ、次第に生気を失って行かねばならなかった。社会禅興隆の期間は、誠にみじかく、再び体制のきびしいしめつけの中に逼塞して行った。だがそれを、単に、「禅としての純度を失ったもののなれのはて」と冷笑するだけで、事はすむのであろうか。純禅の純とは、一体、どういう意味であるかを、いま一度かえりみる必要はないのであろうか。こうした反省のもとに執筆された本書は、若干の問題点の処在を指摘するに終った感があるが、今日の思想状況に即して、新しい心学の発生をうながす、ささやかな呼び水にでもなり得るならば、幸いである。

解説

三浦秀一

宋明性理学の成立および展開の過程における仏教思想との交渉を分析し、その間の理路を「本来性」と「現実性」との複雑多様な関係態として結晶化させた荒木見悟氏の主著『仏教と儒教――中国思想を形成するもの――』(平楽寺書店、一九六三年四月)に関しては、原著の表記を平明なものに改めた「新版」(研文出版、一九九三年一一月)の登場により、文意をとらえる際の労苦はだいぶ減ったのだが、荒木中国学のこの本丸にたどりつくうえで、一九七九年八月に第三文明社レグルス文庫の一冊として上梓された本著『仏教と陽明学』が、いまもなお必携の手引きとしての価値を保っていることは間違いない。

島田虔次氏の古典的名著『朱子学と陽明学』、すなわち東アジア伝統思想に興味を抱く大学生が往時こぞって読んだこの岩波新書は、明末の李卓吾(李贄)を「儒教の叛逆者」と評する終章の末尾において、李贄思想に対する仏教の影響力を肯定しつつも、「その作用の詳細なる筋道は、如何に理論的に理解せらるべきであろうか」との問いを読者に投げかけ、その全体を結ぶ。一方、本著はその第十五章に李贄をとりあげ、『楞厳経』（巻二）の「晦昧為空」句に対する李贄独自の、しかもかれの「真空」理解が如実に反映された解釈を簡潔に述べる。それればかりではない。島田著はその「あとがき」に「宋・明時代の仏教・道教についてぜんぜんふれ得なかった」と記し、「李卓吾とほぼ同輩の紫柏真可、憨山徳清などいわゆる万暦の四大師」に関する論及の欠如を反省材料として挙げるのだが、本著の第十・十一章は、「四大師」の教学にとどまらず明清鼎革期を生き抜いた覚浪道盛による「怨の禅法」をもあわせて解説する。一九六七年五月出版の島田著は現在でも購入可能であり、電子書籍版もある。同書が記すこの悔悟について、本著はそれが島田氏の真率な心情の吐露であることを証言してもくれるわけだ。

興味深く思えるのは、荒木・島田両氏それぞれが、ともに同一の事象を明末思潮攻略のその要衝と見たこと、しかもそうした見解が、当時それを是認する者のかならずしも多くはない状況下で語られたことである。両氏の炯眼には敬服するばかりだが、ただし島田氏はこの課題の追究へとは進まず、一方、荒木氏は明朝末葉の高僧たちによる聖俗の枠を超えた思想的営為の解明にとりくんだ。そうした行為へと氏を向かわせた動機とはどのようなものであったのか。本著の解説にこと寄せながらこの問題を考えたい。本著公刊の一〇年ほど前に活字化された氏の論考二篇、「心学と理学」（『禅学研究』五八、一九七〇年三月）

と「陽明学と明代の仏教」（荒木見悟ほか編『陽明学入門』明徳出版社、一九七一年六月、所収）とが、考察のてがかりである。

§

「心学と理学」は、中国近世における「心学対理学の、対立・葛藤・調和・融合」をめぐり、その歴史的展開を追跡する。「心学」の呼称が仏教に始まり、禅僧における思索・体験の深化とともに「心」概念が「人間存在の全機能を渾一的に自由に操作する当体」として拡充された、との認識を前提的に示したうえで、荒木氏は、禅的心学の「独善私意」性を批判して「心の無制約な活動を条理化すべく、理（天理）の先験的権威を強調」した理学としての程朱学と、その「理学の膠着的傾向」を危惧した張九成や陸九淵（象山）の心学とを対置させる。そしてつぎに、「理学がひとたび政治権力の手先とな」った明代のその前半に残る「陸象山の哲学や仏教心学」の「微光」にふれ、「従前にもまして強靱な弾力性と、高度な自律性をもち、きめ細かく歴史的現実のただ中に浸透しつつ、而も俊敏自在に実理の創造をなし得る」学問を待望した明代中期人士の心性に応じて陽明心学が登場したことを論じ、最後に、良知概念の「無的創造力」を核とする心学運動が明末の「天下にあふれ」、その象徴ともみなせる「名教の罪人」李贄が出現したことに言及しつつ、

「良知説の発展は、やがて万暦仏教復興の、重要な下地となった」との見通しを述べる。

そもそも『仏教と儒教』は、その目次からもわかるとおり、『華厳経』と『円覚経』の教説を、おもに唐代の学僧澄観ならびに宗密の教学的立場から分析し、ついで大慧の公案禅と朱熹（朱子）の哲学に対して考察をおこない、さらに王守仁（陽明）思想の基本構造を解析する、といった内容をもつ。儒仏双方にわたる諸文献への精緻な読解と叙述における稠密な論理構成とを特徴とする書物であり、ゆえにその主旨の概括は決して容易ではない。だが幸いにも右のごとく同書の論旨が、荒木氏本人により、思想史的視座にもとづき明快に整理されていた。その目的は、むろん自身の研究を進展させる点にあった。氏はたとえば、「朱子学の哲学的性格――日本儒学解明のための視点設定――」（荒木見悟ほか編『貝原益軒・室鳩巣』岩波書店、一九七〇年一一月、所収）において、この視座を、反朱子学という立場で共通する陽明学と日本の仁斎・徂徠の学問との比較に役立てた。

また「陽明学と明代の仏教」でも、荒木氏はこの視座を土台にしつつ、明代の思潮を仏教思想の展開という主軸のもとで通観した。八節より成る同論考の節題は、一　禅と朱子学との対立、二　王陽明の良知説、三　禅と王陽明の学、四　凋落した明初の仏教界、五　万暦の仏教界と陽明学、六　儒仏の論争、七　良知と仏教の結合（一）、八　良知と仏教の結合（二）。その第三節までが「心学と理学」の見解とも内容的に重なる部分である。そして第四節以降が、「心学と理学」所掲の見通しを具体的にたしかめる論説であり、そのなかに、氏における明末思潮研究上の動機も記される。第七節冒頭の一段がそれであり、以下にその箇所を引用する。

良知説は既成の理意識の拘束から脱出して、みずから理を認識措定する力をになうものであるが、自由を得た喜びは同時に自己及び社会に対して無限の責任を負うこととなり、内に向かっては人間悪の正体究明に繊細な自己洞察を行なうとともに、外に向かっては社会の不条理な伝統をつき破って心ゆくまで自由の翼をのばすこととなるであろう。もちろんこの両方向は必ずしもべつべつではない。

「陽明学と明代の仏教」第七節は、ひきつづき「良知が向内的方向に深化」した場合の仏教との「結合」形態として、王守仁の「真妄合体論」および明末の知識人社会における『楞厳経』の流行現象を挙げ、第八節ではその「向外的に発展」した事例として、「善悪にとらわれず堂々たる体軀信条をもって実社会をおし渡る自由人」としての、李贄や鄧豁渠（鄧鶴）の活動を紹介する。時空を超えた良知の自己展開、とも概括しうる考察である。つまり荒木氏において、陽明良知説がもつ可能性の理論的省察と、明末仏教思潮がおびる多様性の歴史的考証とは、相互的影響関係にあった。この関係を、氏の研究動機に結びつけて表現すれば、氏はその可能態をも含んだ意味での良知概念の「全体」へとせまるべく、仏教思潮を構成する諸要素の発掘やそれらの相互関係を解きほぐす作業に傾注した。そしてその作業をとおして得られた堅実な成果を、有明一代における思想の展開の歴史的必然として定位させるべく、本著『仏教と陽明学』を書きあげたのである。

§

荒木氏は、一九一七年、広島に生まれ、九州大学文学部などでの研究教育歴をもち、二〇一七年、福岡で逝去された。九大時代の氏のもとで研究室の助手をつとめた禅学研究者の野口善敬氏に、「荒木見悟先生の思い出」（九大中国哲学研究会編『中国哲学論集』四三、二〇一七年一二月）と題する追悼文があり、その末尾には「荒木見悟先生年譜」およびその著作等の目録が載る。「著作及び編著」として整理された書籍のタイトル数はすべて三四、本著はその第一〇番目の作品である。

本著は、はしがき・序章と終章とのあいだに一五の章を置く。第一章から第四章までは、その大半が、新たに書き下ろされた明代前半期の儒仏両教交渉史である。明朝の太祖朱元璋の勅命を受けて編まれた『般若心経註解』の分析（一九・二〇頁）や明代中期の程敏政による「対仏問」の解説（四三・四四頁）などをはじめ、無双とも評しうる独創的な考察がならぶ。荒木氏には、朱元璋に仕えその仏教政策にも関与した宋濂の心学思想をめぐる論考「思想家としての宋濂」（一九六四年一一月、のち『明代思想研究』創文社、一九七二年一二月、所収）も、別にある。第四章は、その章末で「明代思想の先駆者といわれる陳白沙」の心学に言及し、陳献章（白沙）の登場につづく「陽明出現の意味をきわめるためにも、ここで心学と理学の関連・相違を検討」（四五頁）すると述べる。つまり氏は、本著にも「心学と理学」のパートが必要だと考えた。そして「第八章　陽明学の性格」にいたるまでの三章を使い、仏教教学や禅的心学、朱子学などの相互交渉を概観した。その第八章には、王守仁における「知行合一説の真意」を読み解く文章も載る。『仏教と儒教』の当該箇所（同書第四章第一節）に対する自己解説である。

明末の仏教思潮を主題とする本著後半は、その導入部としての第九章、当時の主要な僧侶についてその教説や儒教観を個別に論じた第十・十一章、明末仏教に共通する諸派融合の性格を析出し、そのいくつかの特徴を解説した第十二・十三・十四章、との章立てである。荒木氏は、本著刊行の少し前に「『覚浪道盛研究序説』（『集刊東洋学』三五、一九七六年五月）を発表しており、「欠陥世界」の探究など、そこでの成果をも本著に活用した。明末仏教思潮の解明と良知概念の分析とは氏において相互的影響関係にある、とは右に示した個人的な推測だが、本著後半に活写された高僧たちの個性的な思想は、やはり氏にとって良知概念それ自体の具体的事例でもあった。氏は本著執筆ののち、『雲棲袾宏の研究』（大蔵出版、一九八五年七月）や『憂国烈火禅――禅僧覚浪道盛のたたかい――』（研文出版、二〇〇〇年七月）といった専著を公刊してもいる。

李贄思想を概観する第十五章ののち視線を日本に転じた終章において、荒木氏は徳川時代の儒者雲川弘毅と禅僧盤珪とをとりあげ、中日双方の心学ないし無善無悪説に関する認識の異同を論じる。氏が引くこの儒者の文章に関しては、吉田公平氏の「雲川弘毅著「心学辨」について」（一九八一年二月、のち『日本近世の心学思想』研文出版、二〇一三年三月、所収）を参照していただきたい。

§

本著の構成や内容が荒木氏による既出の諸論考と密接に関連していることは、すでに見たとおりだが、その関連性のなかでもとくに注目したいのが、上記「陽明学と明代の仏教」所掲の「向内」と「向外」という対表現である。本著の場合、その第八章に、「陽明の良知説は、内に向っては、いささかの欺瞞退嬰を許さず、外に向っては、毀誉褒貶を物ともせず、自己実現に邁進する」と述べ、「その良知の実質となる無善無悪」の意味を、

「善悪に執われず、これを自在に操作するもの」（九七頁）だと断じる一段がある。また第十三章にも、「良知は、外に向って自己の実現を念願するとともに、内に向ってはきびしい自律性の保持を要請されるものである。その自律性が、みずからの本性回復のむつかしさにつきあたる時、漸修的意識が芽生えて来る」（一六一・一六二頁）と述べられる。こうした叙述方法は、氏においていかなる意味をもつものだったのか。

本著の出版から三か月後、荒木氏は大著『明末宗教思想研究——管東溟の生涯とその思想——』（創文社、一九七九年一〇月）を刊行した。同書の序章はその副題が「心学と理学」。右にも挙げた同名の論文の改訂増補版である。そしてその本論部分もまた、旧稿を大幅に拡充したものであった。この大作の完成から溯ること約二〇年、氏は「管東溟——明末における一儒仏調和論者の思惟構造——」（一九六〇年一〇月、のち前掲『明代思想研究』所収）と題する論文を著していた。管志道（東溟）とは、朱熹と王守仁、両者の学問とはまた異なる壮大な学問の構築をめざした人士である。この論考にも陽明心学に言及する一段があり、そこに氏は、「良知は向外的に無限に自己を拡張し、「人間—世界」の改造救済に邁進するであろう。と同時に、良知は、（中略）、向内的に無限に自己を内省し、心学の障礙たる私意・人欲の払拭に沈潜する道義的衝動性を湛えているであろう」と記した。そして、「良知を向外的に伸張させた」人士として王艮（心斎）を、他方「向内的深化に苦闘するもの」として羅洪先（念菴）を指名し、「太陽に向って胸を張る良知は、また深淵に臨んで涙する良知でもあるのである」との宗教性を帯びた比喩表現によって、この一段をまとめた。

『仏教と儒教』（第四章第二節）にも右の文章とその論理構造を同じくする一節が見える。「然し良知説とはもと、之を肯定門より眺めるならば、万物一体を規格とする粋然たる至善を目ざすものであり、之を掃蕩門より眺めるならば、繊塵の染著も看過する能わざる厳しい自律性を持つものなのである」。この主張の裏面には善悪一如・真妄未分なる絶対心の観念が存しており、そうであればこそ、氏は「善に真切である心は、同時に悪にも真切であるべきである」（傍点荒木氏）とつづけた。つまり氏は、王守仁の良知概念に、正反対の方向性を有する二系統の諸要素が相即的に存在するととらえた。そしてここでは仏典に由来する分類方法にならい、かかる概念の構造化をこころみた。ただし禅家において「掃蕩門」と対になるのは「扶起門」や「建立門」である。そうした言葉が、万物一体の世界において「至善を目ざす」良知を語るに相応しくないことは、氏において了解済みであろう。かくして論考「管東溟」では「掃蕩門」が「向内的」に、また「肯定門」も「向外的」に置き換えられた。

「向」字の使用に絶妙な味わいがある。この措辞により、内外いずれの方向についても、良知のはたらきに遠近深浅の幅をもたせることが可能になった。さらにまた、「向外的」には王守仁と王艮との、「向内的」には王守仁と羅洪先との比較がおこなえるようにもなった。理念的に想定された良知概念が比較の定点となる。もちろんこうした比較に対しては、良知概念を、王守仁による実際の思考の範囲を超えて恣意的にとらえるものではないか、といった嫌疑がかけられる。しかし荒木氏は、概念の領域をあえて拡張させた。明末思想界の全体を良知心学の自己開展として描ききり、万人の良知にはそれほどの潜在力が存することを証明しようとしたわけである。

そもそも「向内」と「向外」との「両方向」は「必ずしもべつべつではない」(前述「陽明学と明代の仏教」)。荒木氏はこう表明したのち、王守仁の「大学問」から「明徳を明らかにするは、その天地万物一体の体を立つるなり。民に親しむは、その天地万物一体の用を達するなり」との一節を引き、自説の論拠とした。たしかに王守仁における『大学』三綱領・八條目理解は、「これあに内外彼此の分あらんや」(伝習録巻中「答羅整庵少宰書」)である。ただし内外相即の観点から陽明学を論じた箇所を本著に見いだすことは、そう容易ではない。内と外、それぞれの方向に伏在する諸要素をまず丹念に開拓しよう、との意志が本著のすみずみにまで貫かれた結果だと推察する。とはいえ「知行合一の主体としての良知は、客観界の起伏遠近に、ひたむきな眼を向ける。いな、客観界の起伏波瀾が、そのまま良知の鼓動といっていいだろう」（九二頁）との卓見もまた、本著には載る。そしてこうした言説は、本著の登場から十数年をへて書き下ろされた傑作『陽明学の位相』（研文出版、一九九二年三月）において実を結ぶことになる。

附記一　本解説執筆の準備作業として、溝口雄三氏「「無善無悪」論の思想史的意義――荒木見悟『仏教と陽明学』『明末宗教思想研究』によせて――」（『歴史学研究』四七八、一九八〇年一二月）を読んだ。そこに氏は、本著がもつ研究上の斬新な意義をまとめる一方、本著に関しては、「明代儒教の自己変革の内実をもっぱら仏教とりわけ禅思想とのからみから内面的に明らかにしたもので、たとえば仏教の事理・色空観と儒教の理気観の本質的相違を明らかにするなど、新発明は随処にあり、これは初心者むけに分かりやすく書かれたものだけに、関心のある方は直接お読みいただければよい」と断じている。

附記二　拙文の校正段階で、荒木龍太郎氏から『大応』（講談社・日本の禅語録三、一九七八年三月）の意義を喚起された。荒木見悟氏によるこの訳注書の解説文「大応　純禅の風光とその返照」にも「心学と理学」のパートが巧みに組みこまれている。

（東北大学名誉教授）

荒木見悟（あらき　けんご）
1917年、広島県生まれ。九州帝国大学法文学部支那哲学科卒業。長崎師範学校、福岡学芸大学助教授を経て、九州大学文学部助教授、教授を歴任。1983年定年退官、同大学名誉教授。著書に、『仏教と儒教——中国思想を形成するもの』（平楽寺書店、新版、研文出版）、『明代思想研究——明代における儒教と仏教の交流』『明末宗教思想研究——管東溟の生涯とその思想』（ともに創文社）、『陽明学の開展と仏教』『明清思想論考』『陽明学の位相』『憂国烈火禅——禅僧覚浪道盛のたたかい』『陽明学と仏教心学』（いずれも研文出版）などがある。2017年3月逝去。

仏教《ぶっきょう》と陽明学《ようめいがく》

二〇二四年一二月一五日　初版第一刷発行

著　者　荒木見悟
発行者　西村明高
発行所　株式会社法藏館
京都市下京区正面通烏丸東入
郵便番号　六〇〇-八一五三
電話　〇七五-三四三-〇〇三〇（編集）
〇七五-三四三-五六五六（営業）

装幀者　熊谷博人
印刷・製本　中村印刷株式会社

ISBN 978-4-8318-2684-8　C1110

法蔵館文庫既刊より

み-1-1
江戸のはやり神　宮田登著
お稲荷さん、七福神、エエジャナイカ――民衆の関心で爆発的に流行し、不要になれば棄てられた神仏。多様な事例から特徴を解明し、背景にある日本人の心理や宗教意識に迫る。
1200円

さ-5-1
信仰か、マインド・コントロールか
カルト論の構図
櫻井義秀著
社会はカルトやマインド・コントロールの問題にどう対処すべきか。九〇年代以降のメディアや裁判記録などの分析を通じて、これらの問題を考えるための基礎的理論を提示する。
1100円

う-1-1
日蓮の女性観　植木雅俊著
仏教は女性蔑視の宗教なのか？　仏教史における男性観、女性観の変遷、『法華経』における提婆達多と龍女の即身成仏を通して検証し、また男性原理と女性原理について考える。
1300円

お-1-1
寺檀の思想　大桑斉著
近世に生まれた寺檀の関係を近代以降にまで存続せしめたものとは何か？　家を基本構造とする幕藩制下の仏教思想を明らかにし、近世社会の本質をも解明する。解説＝松金直美
1200円

や-3-1
藤原道長　山中裕著
道長の生涯を史料から叙述すると共に、人間関係を詳しく説き起こして人物像を浮かびあがらせる。既存の図式的な権力者のイメージをしりぞけ史実の姿に迫る。解説＝大津透
1200円

価格税別

た-5-1

安倍晴明の一千年

「晴明現象」を読む

田中貴子著

スーパー陰陽師・安倍晴明はいかにして誕生したのか。平安時代に生きた晴明が、時代と世相にあわせて変貌し続ける「晴明現象」を追い、晴明に託された人々の思いを探る好著。

1200円

ふ-1-1

江戸時代の官僚制

藤井讓治著

一次史料にもとづく堅実な分析と考察から、幕藩官僚＝「職」の創出過程とその実態・特質を解明。幕藩官僚制の内実を、明瞭かつコンパクトに論じた日本近世史の快著。

1100円

た-6-1

宗教民俗学

高取正男著

民俗学の見地から日本宗教史へとアプローチし、日本的信仰の淵源をたずねる。高取正男の真骨頂ともいうべき民間信仰史に関する論考12篇を精選。解説＝柴田實／村上紀夫

1400円

み-2-1

天狗と修験者

山岳信仰とその周辺

宮本袈裟雄著

修験道の通史にはじまり、天狗や怪異伝承、修験者の特性と実態、恐山信仰などを考察。入手困難な記録や多様な事例から修験者の固有信仰を幅広く論じる。解説＝鈴木正崇

1200円

た-7-1

法然とその時代

田村圓澄著

法然はいかにして専修念仏へ帰入するに至ったのか。否定を媒介とする法然の廻心を基軸に、歴史研究の成果を「人間」理解一般にまで昇華させた意欲的労作。解説＝坪井剛

1200円

み-3-1

風水講義

三浦國雄著

龍穴を探し当て、その上に墓、家、村、都市を営むと都市や村落は繁栄し、墓主の子孫、家の住人に幸運が訪れる——。原典を通して「風水」の思想と原理を解明する案内書。

1200円

わ-1-1

増補 天空の玉座

中国古代帝国の朝政と儀礼

渡辺信一郎著

国家の最高意志決定はどのような手続きをへてなされたのか。朝政と会議の分析を通じて権力中枢の構造的特質を明らかにし、中国古代における皇帝専制と帝国支配の実態に迫る。

1200円

い-3-1

日本の神社と「神道」

井上寛司著

日本固有の宗教および宗教施設とされる神社と、神社祭祀・神祇信仰の問題を「神道」との関わりに視点を据えて、古代から現代までをトータルなかたちで再検討する画期的論考。

1500円

お-2-1

来迎芸術

大串純夫著

阿弥陀来迎図や六道図等の美と信仰のあり方を、浄土教美術に影響を与えた『往生要集』の思想や迎講・仏名会等の宗教行事から考証。解説＝須藤弘敏

1200円

に-1-1

仏教文化の原郷

インドからガンダーラまで

西川幸治著

伽藍、仏塔、仏像、都市、東西文化交流……近代以降、埋もれた聖跡を求めて数多行われた学術探検隊による調査の歴史をたどりつつ、仏教聖地の往事の繁栄の姿をたずねる。

1400円

と-1-2

馮道

乱世の宰相

礪波護著

五代十国時代において、五王朝、十一人の皇帝に仕え、二十年余りも宰相をつとめた希代の政治家・馮道。乱世においてベストを尽くしたその生の軌跡を鮮やかに描きあげる。

1200円

お-3-1

忘れられた仏教天文学

一九世紀の日本における仏教世界像

岡田正彦著

江戸後期から明治初、仏教僧普門円通によって体系化された仏教天文学「梵暦」。西洋天文学の手法を用い、須弥界という円盤状の世界像の実在を実証しようとした思想活動に迫る。

1300円

お-4-1

増補 ゆるやかなカースト社会・中世日本

大山喬平 著

第一部では日本中世の農村が位置した歴史的位相を国内外の事例から解明。第二部では日本中世史研究の泰斗・戸田芳實、黒田俊雄、三浦圭一らの業績を論じた研究者必読の書。

1700円

は-2-1

古代インドの神秘思想

初期ウパニシャッドの世界

服部正明 著

最高実在ブラフマンと個体の本質アートマンの一致とは何か。生の根源とは何かを洞察する古代インドの叡知、神秘思想の本質を解明する最良のインド思想入門。解説＝赤松明彦

1100円

ふ-2-1

増補 戦国史をみる目

藤木久志 著

斬新な戦国時代像を描き、後進に多大な影響を与えた歴史家・藤木久志。その歴史観と学問・思想の精髄を明快に示す論考群を収録した好著の増補完全版。解説＝稲葉継陽

1500円

い-4-1

仏教者の戦争責任

市川白弦 著

仏教者の戦争責任を粘り強く追及し続けた禅研究者・市川白弦の抵抗と挫折、煩悶と憤怒の記録。今なお多くの刺激と示唆に満ちた現代の仏法と王法考察の名著。解説＝石井公成

1300円

ほ-2-1

中世寺院の風景

中世民衆の生活と心性

細川涼一 著

中世寺院を舞台に、人々は何を願いどのように生きたのか。小野小町伝説の寺、建礼門院の尼寺、法隆寺の裁判権、橋勧進等の史料に色濃く残る人々の生活・心情を解き明かす。

1300円

さ-3-2

縁起の思想

三枝充悳 著

縁起とは何か、縁起の思想はいかに生まれたのか。そして誰が説いたのか。仏教史を貫く根本思想の起源と展開を探究し、その本来の姿を浮き彫りにする。解説＝一色大悟

1400円

さ-5-2

死者の結婚

慰霊のフォークロア

櫻井義秀著

人間社会は結婚をどのようなものとして考え、儀礼化してきたのか。東アジアの死者に対する結婚儀礼の種々の類型を事例に、その社会構造や文化動態の観点から考察する。

1300円

ほ-3-1

ラクダの文化誌

アラブ家畜文化考

堀内勝著

アラブ遊牧民はラクダをどう扱い、共に生きてきたのか。砂漠の民が使うラクダに関する様々な言葉、伝説や文献等の資料、現地調査から、ラクダとアラブ文化の実態を描き出す。

1850円

か-7-1

中世文芸の地方史

川添昭二著

中世九州を素材に地方文芸の展開を中央との政治関係に即して解読。中世文芸を史学の俎上に載せ、政治・宗教・文芸が一体をなす中世社会の様相を明らかにする。解説＝佐伯弘次

1700円

さ-1-2

陰陽道の神々 決定版

斎藤英喜著

泰山府君、牛頭天王、金神、八王子、大将軍、盤古大王、土公神など、冥界や疫病、暦や方位などに関わる陰陽道の神々。忘れられてきたもう一つの「日本」の神々を論じる書。

1500円

お-5-1

涅槃経入門

横超慧日著

釈尊最期の教えを伝える『涅槃経』の成立過程や思想内容をわかりやすく解説した好著。日本の仏教にも多大なる影響を与えた『涅槃経』の真髄とは何か。解説＝下田正弘

1200円

に-2-1

仏教について

西谷啓治著

宗教哲学的思索の土台の上、広く深い視界から現代世界において仏教が抱える問題をやさしい言葉で丁寧にわかりやすく語る。七〇歳代の西谷が語った講演の記録。解説＝氣多雅子

1200円

ま-2-1

法城を護る人々（上）　松岡譲著

雪国の寺院生まれの主人公・宮城は僧侶になることに抗い父と対立する——。痛烈な教団批判と煩悶青年の葛藤を息づまる迫力で描く自伝的小説、待望の復刊。解説＝野尻はるひ

2000円

ま-2-2

法城を護る人々（中）　松岡譲著

東京の帝大に進学した主人公・宮城の心は様々な宗教者が戦わす法論に接しながら揺れ動くも、心を満足させてくれる宗教者には出会えず——。解説＝真継伸彦・大澤絢子

2000円

ま-2-3

法城を護る人々（下）　松岡譲著

大御遠忌のために京都に行った主人公・宮城は、「封建時代の遺物たるお祭騒ぎ」を前に、真宗寺院とそれに付随する一切を徹底的に批判するが、やがて——。解説＝半藤末利子

2000円